Albert Camus
un portrait

回忆加缪

[法] 巴蒂斯特-马莱 著
Baptiste-Marrey
丁濛 译

生活·讀書·新知 三联书店

"ALBERT CAMUS, UN PORTRAIT"
by Baptiste-Marrey
© Librairie Artheme Fayard, 2013
Current Chinese translation rights arranged through Divas International, Paris
巴黎迪法国际版权代理（www.divas-books.com）

Simplified Chinese Copyright © 2020 by SDX Joint Publishing Company.
All Rights Reserved.
本作品简体中文版权由生活·读书·新知三联书店所有。
未经许可，不得翻印。

图书在版编目（CIP）数据

回忆加缪／（法）巴蒂斯特-马莱著；丁濛译．—北京：
生活·读书·新知三联书店，2020.9
ISBN 978-7-108-06843-9

Ⅰ.①回… Ⅱ.①巴… ②丁… Ⅲ.①加缪（Camus, Albert 1913-1960）–传记 Ⅳ.① K835.655.6

中国版本图书馆 CIP 数据核字（2020）第 083985 号

责任编辑	黄新萍
装帧设计	康　健
责任校对	张　睿
责任印制	徐　方
出版发行	生活·讀書·新知 三联书店
	（北京市东城区美术馆东街 22 号 100010）
网　　址	www.sdxjpc.com
图　　字	01-2019-1201
经　　销	新华书店
印　　刷	三河市天润建兴印务有限公司
版　　次	2020 年 9 月北京第 1 版
	2020 年 9 月北京第 1 次印刷
开　　本	880 毫米 × 1230 毫米　1/32　印张 6.5
字　　数	122 千字
印　　数	0,001-5,000 册
定　　价	38.00 元

（印装查询：01064002715；邮购查询：01084010542）

除非生命枯萎，否则总有无法
抑制的渴望：爱与赞美。

　　　　阿尔贝·加缪

泄露的危险，你已忘记了吗？

　　　　亨利·米修

目 录

前 言 …………………………………………… 1

第一部分 那些沉睡在记忆中的财富（1950—2013）

卡布里的金山羊旅馆 ………………………… 3
 相 识 ………………………………………… 4
 纪德和梅苏奇埃尔 …………………………… 6
 邮递员 ………………………………………… 11
 一次文学晚宴 ………………………………… 12
 疾病与激情 …………………………………… 16
 在金山羊旅馆的平台上 ……………………… 19
 论友情 ………………………………………… 22
《反抗者》 …………………………………… 24
插曲 1　另一边的旅行 ……………………… 33
影子花园 ……………………………………… 40
暂停　在利普啤酒馆 ………………………… 47
戏剧修道院 …………………………………… 52

插曲2　关于国家人民剧院	62
《堕落》	67
插曲3　讨厌的巴黎	73
唐璜与浮士德	77
"仇恨和血腥的王国"	85
插曲4　一个新的神话	97
7号国道	99
荒诞	106
制片人之夜（2012）	111
四个评注	118
1. 米歇尔·翁弗雷和《自由主义秩序》	118
2. 弗朗西斯·让松与民族解放阵线	122
3. 从佩尔南-韦热莱斯到伦敦	124
4. 伟大的玛利亚	126

第二部分　镜中的阿尔及尔——《归途手记》(2005)

从阿尔及尔到蒂巴萨	131
在蒂巴萨	143
陌生的女播音员	148
阿尔及尔	154
在飞机里	166

评注 5　一个正义者：保罗·泰让 ………………………… 169

附录　29 封通信概述（1953—1959）

通信概述 ……………………………………………… 181
题献与致谢 …………………………………………… 195

前　言

近几年，媒体舆论对阿尔贝·加缪本人及其作品的论调突然转向。"人类社会就像一只庞大的怪兽。负责看管它的人对它的喜好和憎恶进行了研究：凡是巨兽所喜欢的，就被称为善；凡是巨兽所嫌恶的，就被称为恶。"这是柏拉图《理想国》中的一段话，译者为西蒙娜·薇伊（Simone Weil）。"巨兽"从来都不走在前面，而是跟随人后，喜欢人死之后的各种纪念，这样它就不用花太多心思在活人身上。

这一次，"巨兽"扼住了加缪的喉咙，不肯立刻放开，仿佛忘记了加缪遭受过的讽刺、辱骂、学界的轻蔑，以及著名的《观察家》和业已停刊的《艺术》的揶揄——这两本杂志曾企图在哲学家加缪生前就丑化他（私下里它们称他为"高中毕业班教师"）。不仅将作家加缪称为"教书匠"，并且对其进行人身攻击。加缪虽身为知识分子，却与这个圈子保持着距离，并毫不掩饰他对这个圈子的批评甚至鄙视。学者们对加缪曾经抱持的轻蔑已经烟消云散，由于加缪得到了一批忠实读者的支持，因而他更遭人忌恨。这批读者在冷酷无情的战后岁月迷失了方向，试图寻找自己的道路，而我，就是其中的一员。

媒体舆论的转变必然会引起诸种情形，而且我意识到自己年岁渐老，是少数还能为某些事实和言论作证的人，这一切使我在与加缪相识60年后，写下了这本我本不想写的书。

1938年，《阿尔及尔共和报》曾高傲地宣扬："《阿尔及尔共和报》并非无所不知，但是它一定知无不言。"我也会尽力做到。

*

本书参考了收录在伽利玛出版社"七星文库"中的加缪的首批作品：第一版两卷本《戏剧，叙述故事，小说》（*Théatre, récits, nouvelles*，1962年），由罗歇·吉里约主编、让·格勒尼埃作序；《随笔集》（*Essais*，1965年），由罗歇·基里约和路易·福孔主编。也参考了同样收录在"七星文库"中的第二版四卷本《加缪全集》（*Œuvres complètes*，2006—2008），这套全集由雅克琳娜·莱维-瓦朗西和雷蒙·盖-克鲁瓦西耶主编，按照年代顺序重新编排。引语出自"白色"丛书中的三卷本《加缪札记》（《札记之一》[*Carnets I*，1935年5月—1942年1月]，《札记之二》[*Carnets II*，1942年2月—1951年3月]，《札记之三》

[*Carnets III*，1951年4月—1959年12月])，以及八卷本《手记》(*Cahiers*，1971—2003，《手记》第七卷是1994年收录在"弗里欧"[Folio]丛书中的《第一人》[*Le Premier Homme*]，也是本书引用的出处)。

第一部分

那些沉睡在记忆中的财富
（1950—2013）

伟大的灵魂一出现,就为我们带来了进步。

塞涅卡,《致鲁西留的信》(94-40)

卡布里的金山羊旅馆

略显苍白的额头散发希腊的气息。

佩索阿,《守羊人》

那一年我刚满 25 岁,因为生病结束了兵役。1953 年复活节前夕,我父母的朋友在戛纳海拔 600 米的山区,替我物色了一家简朴的旅馆,我的奖学金尚可承担。在那儿我可以让自己的灵魂平静下来。当时的我既焦虑又不幸——战争的灾难在我脑海中挥之不去。我正在寻找一条出路,而且是刚刚起步。

卡布里是位于格拉斯以北的一个村庄,过去 60 年来,人们可以从戛纳乘车前往那里,不过有时需要在格拉斯换车。班车每天两趟,沿着斯佩拉塞德的盘山公路开上山来,村民会听到汽车喇叭声渐行渐近。班车改变了村庄的生活节奏,它在喷泉前的广场停下,为人们带来食物、邮件以及扛着行李的游客。通往金山羊旅馆的小街上站着伺机招揽生意的居民和旅馆老板。这家金山羊旅馆虽然简陋,却是远近闻名,同时兼营酒吧和烟店。

这座普罗旺斯的小村庄除了教堂和狭窄的街道,还以能看到公墓全景而出名，金山羊旅馆就在村庄的中心。站在突出于平原的山岬上，可以一路俯瞰波光粼粼的戛纳和莱兰群岛，大海与天空在这里交融，无边无际。

餐厅在旅馆二层：这是一个狭长的房间，有点阴暗，只有一面墙开了几扇朝向广场的窗户。12张桌子中，唯有我和加缪各占一桌，两张桌子几乎挨着。欧里庇得斯曾让伊菲革涅亚说出这样一句话："当人的思念渐歇时，诸神便会来拯救他所爱的人。"

相　识

第一天晚上我们各自安静地吃饭，饭后才结识。

某一次饭后，我向加缪表达了对他的钦佩之情：我读过他当时发表过的所有文字。谈到上一年《现代》杂志上关于《反抗者》的笔战，我感到一种强烈的愤慨——这简直是对个人的侮辱。这场针对加缪的论战由让-保罗·萨特和弗朗西斯·让松（Francis Jeanson）挑起，后者曾积极地跟进。加缪对我说："事实上，此时此刻，我感觉没什么人支持我。"*[1] 我想，这大概是他对我说的第一句话。

---

[1] 全书引用的加缪的话，我可以保证其准确性，大家尽可以信任我的记忆力。加星号的句子，我只能保证大体意思。

直到我住在这里的最后一天,我们都是待在各自的餐桌旁。每到周日,当旅馆里挤满散步的人和游客时,加缪就会消失。他去戛纳和伽利玛一家划船。当时我还以为是加斯东,虽然不无惊讶。如今我猜想应该是加斯东的侄子米歇尔(Michel)和侄女雅妮娜(Janine),加缪和他们的关系很密切,以至于在信里称他们为彼特拉克(Pétrarque)和劳蕾(Laure)[1]:加斯东的侄子拥有一艘"8米的赛船'阿雅'号"(《札记之三》,第222页)。

老板娘是一位喜欢女人的瑞士妇女。楼下除了厨房外,还有老板娘开的酒吧。几乎每天的晚餐时间,她都会在楼梯下面大声喊道:

——加缪先生!玛利亚小姐的电话!

或者是:

——加缪先生!法兰西喜剧院!打给您的!

加缪便放下餐巾,飞快地跑下楼。

女侍者和老板娘面带笑容,整个酒吧安静下来。大家都很自觉。

加缪在电话间的木屋里待了许久,然后才重新上楼用餐。

谈及加缪,他的笑容,他的优雅,他简洁的夹克外套,

---

[1] Jeanyves Guérin (sous la direction de), *Dictionnaire Albert Camus*, Robert Laffont, coll. «Bouquins», 2009, p. 340.

他的香烟（他的肺部有些毛病），他坐在面对金山羊旅馆的台阶上、在阳光下与邮递员聊天的姿态——他是如此自然闲适，无关乎跟谁聊天，这一切我只在卡布里见过。就像尼采所说："他是由木头雕成的，质地坚硬，颜色柔和，同时散发芳香。"[1]

那是我第一次亲耳听加缪说话。他有着轻微的口音，音调尤其明显，发音时语调如音乐般婉转。他的措辞无可挑剔，时常语带幽默。我曾在收音机里听过他朗读自己的小说，那时我还不太明白《局外人》所暗含的讽刺意味。他后来写道："我所有的作品都带有讽刺意味。"（《札记之二》，第 317 页）

纪德和梅苏奇埃尔

除了金山羊旅馆，卡布里还有两个吸引人的地方，尤其是吸引那些醉心于文学的青年，他们带着希望来到这里，梦想着有一天成为作家。第一个就是在村庄高处的"纪德之家"，起初它的名字是"奥第德"，但是人们通常叫它"拉雷扎迪尔"。这栋房子属于伊丽莎白·冯·卢塞尔伯格（Elisabeth Van

---

[1] Friedrich Nietzsche, *Ecce Homo*, Gallimard, coll. « Classiques de la philosophie », 1937, p. 21.

Rysselberghe），她是纪德女儿的母亲，从社会习俗来讲是皮埃尔·艾尔巴尔（Pierre Herbart）的妻子。艾尔巴尔常年住在那里。他优雅、安静，清澈的蓝眼睛略有近视，有淡淡的黑眼圈，是一位富有才华的文体学家，他谨慎地关注着过往的政治动荡。我认识的人里面几乎没有一个如艾尔巴尔这般富有魅力的。临近午时，坐着大巴来到金山羊旅馆的客人们会聚在一起，而艾尔巴尔就是其中的重要面孔之一。

纪德曾在拉雷扎迪尔小住过，和艾尔巴尔保持了长久的友谊，当然这尤其与1936年的访苏之行有关。还有每个人都高度赞赏的马丁·杜加尔（Martin du Gard），加缪对他的评价尤其高："我认识的人当中，他是最有人情味的一位，也是最值得人们敬爱的。"（《札记之三》，第95页）路易·吉尤（Louis Guilloux）也来过这里，当时他和艾尔巴尔一起把吉奥诺（Giono）的小说《屋顶上的轻骑兵》改编成了电视剧。他们同时还把《蒂博一家》改编成连续剧，但是一部都没有播映。

我个人只在那里遇到过伊丽莎白的母亲戴欧夫人（冯·卢塞尔伯格），人称"小夫人"，她也是纪德的忠实朋友，甚至到了细心记录纪德言行的地步。她是那么娇小，坐下后会有人给她搬张脚凳，因为她的脚竟然触不到地面。她会优雅地抽一支长长的白陶瓷烟斗。

她曾勾勒过一幅加缪的绝妙肖像[1]:"他微笑的时候,性感的嘴唇会自然张开,笑容温柔却又透着叛逆,或许还不乏挑逗……茂密的深色长发,不太突出的鼻子似乎与狭长而饱满的面颊重合,这让他的侧脸远没有正脸有特点,似乎隐隐能看出他还是小男孩时的模样。略微苍白的面色让瞳孔的颜色更加明显,在瞳孔深处,黄色、绿色与灰色交织在一起,眼神犀利直率……他身材高大,风度翩翩,让人实在挑剔不出什么。正如作家和道德家沃维纳格(Vauvenargues)所说:'他的外表与出色的头脑是如此相衬!'"

描绘得不能再好了。冬天的时候,加缪的结核病复发,他不得不离开巴黎,和妻子弗朗西娜(Francine)暂居"纪德之家"。在那里,他每天伏案工作10个小时[2],完成了《反抗者》的大部分内容。1953年的万圣节,他独自去了金山羊旅馆,尽管"这种乡村旅馆条件简陋"。

卡布里另一个吸引人的地方是梅苏奇埃尔。这是一座巨大的方形塔状建筑,孤零零地立在橄榄树丛中,为加缪写传记的美国作家赫伯特·R.洛特曼(Herbert R. Lottman)称梅苏奇埃

---

[1] Sous le pseudonyme de M. Saint-Clair, *Galerie privée*, Gallimard, 1947, repris par Jean-Claude Brisville dans son essai, *Camus*, coll. « La Bibliothèque idéale », 1959.

[2] Herbert R. Lottman, *Albert Camus*, Le Seuil, 1978 ; coll. « Points », 1985, p. 489.

尔为"维多利亚哥特式城堡"。它位于村庄向西两公里的地方，与村庄处于同一海拔高度，可通行车辆的小路一直延伸到安托瓦纳的母亲圣–埃克絮佩里伯爵夫人的小屋前，人们有时可以看到她在那里浇花[1]。梅苏奇埃尔由斯伦贝榭（Schlumberger）和冯·卢塞尔伯格的朋友安德烈·维埃诺（Andrée Viénot）资助修建，后者是一位卓越的女政治家，是已故卢森堡冶金工厂厂主尤金·梅里什和阿丽娜·德·圣–于贝特尔的女儿，是纪德的朋友，也是"小夫人"狂热喜爱的情人。

近几年，梅苏奇埃尔以低廉的价格接待了很多作家，其中也包括我这样的写作新手，还有为了能在那里安静工作以及即使假期也愿笔耕不辍的知识分子们，某种意义上说，他们是常驻那里的作家。候选人主要由伽利玛的审读委员会决定。加缪的推荐是我能入选的关键。接下来的两个夏天，我都会去那里与幸运中选的作家相聚，我们拥有一间舒适的卧室兼工作室，享用可口的饭菜、一个泳池、一片宁静、一丛橄榄树，还能与其他作家为伴。我在那里遇到了夏尔·维尔德拉克（Charles Vildrac，他是否知道加缪已经在阿尔及尔剪辑并上演了他的《不屈号商船》？），以及他令人生畏的、出身杜阿梅尔（Duhamel）家族的妻子；有马克思主义倾向的哲学家

---

[1] 媒体变化带来的奇迹：在2009年的《米其林指南》中，金山羊旅馆消失了，取而代之的是小王子酒店。但是在2012年，它又变成了金山羊旅馆。就这样几经变迁……

吕西安·戈尔德曼（Lucien Goldmann），他第一次在盘子里看到洋蓟；还有杰出的生物学家安德烈·勒沃夫（André Lvov），他后来与弗朗索瓦·雅各布（François Jacob）和雅克·莫诺（Jacques Monod）一起获得了诺贝尔奖（1965年）。

经历了与《现代》杂志的笔战以及随之而来在道义和政治上的被孤立后，加缪来到卡布里小住，以期恢复平静。这里气候干燥，阳光明媚，没有湿热和污染，这对他的肺有好处。

"在海拔五六百米处有一座天然的阳台，沐浴在阳光中，可以望见波光粼粼的大海，呼吸舒畅，尤其当我独自一人时，仿若置身于芸芸众生之上。"（《堕落》，第31页）。说起他"认为值得生活和死亡之地"，加缪提到了卡布里，在蒂巴萨和托斯卡纳的瓦尔德摩萨之间（《札记之三》，第179页）。"我坐在椅子上，清风徐来，感到内心的空洞，我一直在想K.曼斯菲尔德（K. Mansfield）[1]，想她与疾病斗争的温柔而又痛苦的绵长岁月。"他意识到疾病可以让他远离生活中的困扰，让他可以不去评判生活。而那些高高在上、无所行动之人往往用尼采式的眼光看待下层之人，"那些命如蝼蚁之人"——托马斯·曼（Thomas Mann）在《魔山》中曾有过这样绝妙的形容。

---

〔1〕凯瑟琳·曼斯菲尔德（1888—1923），出色的英语小说家，因肺结核病逝于枫丹白露旁的雅芳。

邮递员

村庄里的英雄是邮递员韦西尼,他是科西嘉岛穆拉希勒村人,曾为了"自由法国"应募入伍,作为水手参加过1944年8月的普罗旺斯登陆,并因此失去了一只胳膊。韦西尼的脸上刻满粗糙的皱纹,但是充满活力,因为他必须在村庄里来回走动,再加上想象力,他对村庄里的所有小事都了如指掌。人们从未见他穿过邮递员的制服。他喜欢抽烟、喝酒,同样也爱读书。他用残肢末端和仅有的一只手臂熟练地打理自己的日常起居,他甚至可以从包里取出一根香烟,用腋窝夹住火柴盒,擦着火柴再点燃香烟,这简直是他的拿手好戏。

加缪非常尊重他。阳光下,他们并肩坐在面对着金山羊旅馆的矮墙根儿,讨论着时政新闻,尤其是足球赛事,他们一起认真阅读《队报》[1]。然而,加缪一看到克拉拉·马尔罗(Clara Malraux)就会逃走。唉,谁让这个村庄总是人来人往的。加缪很讨厌克拉拉的喋喋不休和精神上的强迫症 *。

即使加缪离开卡布里,韦西尼也会帮加缪留存他订购的报纸,尤其是《自由主义者报》。加缪尊重无政府主义者,并与他们保持着联系,他和他们一起支持西班牙共和派,共同仇视斯

---

[1]《队报》创立于1946年,其前身是因与德国合作而被禁止发行的《机动车报》。

大林主义。但是按照希腊人的观点，他的"分寸"意识不会令他加入米歇尔·翁弗雷（Michel Onfray）所谓的那种"绝对自由主义秩序"[1]。

加缪密切关注足球新闻——那时候的足球新闻仅限于法国俱乐部，还未受变幻莫测的证券交易所的影响。看台上挤满热情的观众，他们兴奋地注视着两支队伍争锋。对于加缪来说，这"和斗牛一样，是一种神圣的形式，比弥撒更为明确"。所谓神圣，须是激情四射的，在露天场上可以尽情展现。竞技场和剧院（昂热艺术节，而不是阿维尼翁节）才是圣地*。人们可以在《堕落》（第 103 页）一文中找到这种情感的写照："如今我仍然喜欢星期日赛事，热闹的体育场和令我向往的剧场，也只有这两个地方让我感觉到纯粹。"他带有讽刺意味地总结了自己的设想："长篇小说。第一部分：足球赛。第二部分：斗牛场。"（《札记之三》，第 25 页）

一次文学晚宴

一天晚上，加缪在小餐桌上招待来自"纪德之家"的皮埃尔·艾尔巴尔，他们面对面坐着。餐厅很安静，他们的谈话我

---

[1] Michel Onfray, *L'Ordre libertaire*, Flammarion, 2011. Voir aussi Scolie 1, p. 112.

很难听不到，我承认这很不礼貌。可是两位作家在距我几米远的地方聊着文学，而当时的我又是多么渴望成为作家啊！我记下了这场"窃听"来的晚宴的一些片段。

艾尔巴尔打算写一部剧（据我所知，他至今未实现），并询问加缪的意见（经验告诉我，向另一个人咨询尚在计划中的书，这本身就是一个失败的信号）。他的回答是：舞台剧需要一些简单明了的指示，让大家能够一目了然。比如可以在两个场次之间放一座钟来表示流逝的时间＊。（不过有谁见过舞台上有时钟一直在嘀嗒作响？）艾尔巴尔虽然远离巴黎的流言蜚语，但是也在伽利玛出书，他问了一些有关伽利玛出版社的近期新闻，就是让·格勒尼耶所说的"让·波朗（Jean Paulhan）的花招"——格勒尼耶在他的《占领时期》（第323页）中写道："让·波朗给萨特寄去了一篇波普（Léon Bopp）的手稿。萨特写了详细的意见，但评论并不佳。有一天，让·波朗在办公室里向波普介绍萨特：'这位非常喜欢您的作品。'而后他就离开了，把萨特和波普两人留在他的办公室里。"那天晚上，加缪指出了这段话语里的矛盾、接连不断的转变和令他难以信服的理由＊。"他是逃走了！"加缪反复说。

他们还聊到了布里斯·帕兰（Brice Parain）[1]，这位哲学家

---

[1] Brice Parain, *L'Embarras du choix*, Gallimard, coll. « Espoir », 1947. 1930 年离开格拉塞出版社后，帕兰以他的哲学论文为起点出版了两篇随笔（有关语言和柏拉图的逻各斯），转向与伽利玛出版社合作。1950 年和 1953 ［转下页］

曾于 1925 年去莫斯科旅行,很早就揭露了苏维埃极权政体的本质。他一生都专注于研究语言。加缪把他的作品也收进了"希望"(Espoir)丛书,我都认真地拜读过。艾尔巴尔还向加缪袒露了自己一直纠结的一些个人问题*。当然,他们还说了许多其他的事情,只是我没有听清,或者说是我无法听清,因为他们意识到我的存在后,压低了声音。为了让他们自在地交流,我便离开去睡觉了。

那天晚上,艾尔巴尔给加缪讲述了他在布列塔尼游击战中遇到的一件让他进退两难的事情,后来《堕落》(第 16 页)中讲述了这件事。"'您知道吗?在一次村庄的镇压行动中,一名德国军官竟彬彬有礼地请一位老妇人在两个儿子中挑一个作为人质处决。没有人知道该怎么做。'艾尔巴尔向我讲述了他在抵抗时期的那段记忆,当时他的面前摆着一杯格拉纳达式的茴香石榴酒。这是一个令人惊讶的男人,看上去饱经风霜。他早在纪德之前就已去过非洲了,并在 1936 年陪纪德去了莫斯科(当时他还是共产党员),随后他又去了上海和西班牙,并参加了西班牙内战。1942 年,他带着豪华的装备——两双绳底帆布鞋——翻过了比利牛斯山。在布列塔尼,他以维甘(Vigan)将

[接上页] 年,他发表了两篇哲学随笔(《苏格拉底之死》《论修辞学》)。作为苏联作家审读委员会的成员,他固执地拒绝了妮娜·贝蓓洛娃(Nina Berberova)的作品。加缪去世后,他出版了一些俄国文学译著,尤其是普希金和托尔斯泰的作品。

军的名义领导了抵抗运动。在自由法国运动中,他一直被关在雷恩的地牢中,直到解放部队的到来,贝当派的省长被关在另一个地牢里,就在距离他100米的地方。戴高乐将军给了他的继任者这个战略要地的钥匙,这位省长在继任前一直穿着绳底帆布鞋。"

后来艾尔巴尔成为《战斗报》的记者。如果说人们对于加缪在团队剧团(他的第一个剧团的名字)的工作甚感兴趣,那么关于《战斗报》的团队则鲜有人论及,在我眼里,这是唯一一份作家的报纸:除了皮埃尔·艾尔巴尔,让-保罗·德·达岱尔桑(Jean-Paul de Dadelsen)、罗歇·格勒尼埃(Roger Grenier)、帕斯卡尔·皮亚(Pascal Pia)、雅克·勒马尚(Jacques Lemarchand)、阿尔贝·奥利维埃(Albert Ollivier)、让·布罗赫-米歇尔(Jean Bloch-Michel)、亨利·卡莱(Henri Calet)、亚历山大·阿斯楚克(Alexandre Astruc)、莫利斯·纳多(Maurice Nadeau)等都是定期撰稿人。

后来艾尔巴尔退隐到了卡里布,他在这里过得很拮据。纪德在他身上看到了《梵蒂冈地窖》中的主人公拉夫卡迪奥(Lafcadio)的影子。他的文笔漂亮、典雅,写下的故事和纪实见证了他的自由和快乐(《翠鸟》《力量的线条》)。提及他的《黄金时代》,加缪说,人们只想用"洁净的双手"捧阅。

疾病与激情

在卡布里,加缪不仅恢复了健康,他的家庭和情感生活也趋于平静。"仅仅看到一块染血的手帕就预感到死亡,放弃努力,就等于眩晕着沉入时间中去:这是对未来的恐惧。"加缪在年轻时写的札记中如是说。

疾病成了我们最初交流的话题(我也是战后到山上疗养)。"肺结核是一种形而上学的疾病:病人虽然活着却要和他人保持距离,看着他人生活。"*另一次(我想是在巴黎),他暗示,青霉素根除了肺结核后,气胸就成了过时的医疗技术。"气胸"是给病人的肺中注入空气。"我的肺刚刚注满空气,"他带着悲伤的笑容和我说,"这真丢人。"他也曾同样对雅克·勒马尚倾诉过。"得了结核的肺叶虽痊愈却已干枯,让那幸运的主人渐渐感到窒息。"(《堕落》,第 123 页)

肺病并没能阻止他继续狂热地工作、抽烟,他依旧过着唐璜般的生活,他的浪漫化身让-巴蒂斯特·克拉芒斯(Jean-Baptiste Clamence)也在忏悔中证明了这一点。疗养院甚至有传言说肺结核与性生活有关。

在卡布里,他对我说(1954 年 7 月的时候他也写信跟我说过):"无论是我自己还是我周围的事情都恢复得很好。"他暗示由于他的不忠,他的妻子弗朗西娜患有严重的抑郁症,这些年甚至入院治疗。这一情节被西蒙娜·德·波伏娃无耻地歪曲,变成了《名士风流》中的一章，该书在1954年获得了龚古尔文学奖。"我随手拿起一张报纸，"加缪在札记中写道，"已经遗忘的巴黎往事又映入眼帘。龚古尔奖成了一出闹剧，颁给了《名士风流》，似乎我还成了其中的主角。事实上，除了那个报纸经理参加过抵抗运动，其他一切都是假的，包括思想、感情和行为。更绝的是，萨特生活中那些可疑的行为都被慷慨地安到了我身上。"（《札记之三》，第146页）

加缪还曾跟我说起，由于战争，他和弗朗西娜婚后不久就分开了很长的日子。"如瓮中之鳖"，后来他在1942年11月11日那天克制地写道（《札记之二》，第53页）。在他看来，这种被迫的分离（她留在奥兰，他逃到了圣艾蒂安附近）给他们带来的裂痕再难复原。这一痛苦的主题自始至终贯穿在《鼠疫》中。战争接近尾声时，他在札记中记载："80%离婚的人都是被遣返回国的囚犯，80%的人类爱情禁不起五年的分离。"尽管他们被迫天各一方，但是与所爱之人复合的渴望和重逢时的冲击同样强烈。对爱人的幻想，在分离时得到珍藏，却抵不住重逢。

加缪从未跟我讲过他纷乱的私人生活，但只要是稍微"迷人"的姑娘（他这样称呼那些漂亮姑娘）就能让他兴奋。出于性格原因，有关此类话题，他对所有人都守口如瓶，对所有女人更是如此。我也将谨慎地对待这位唐璜式的人物。"诱惑就是，别人还没有提出问题，就已经对您回答'是'。"他对我说（在利普啤酒馆？）。他在《堕落》（第67页）里也让克拉芒斯说过此话:"您自然懂什么叫魅力——不必明说,人家就送上门来。"

  他并没有过分保守自己的秘密,他的秘密只是自然而然地被掩盖了,那就是某种漠不关心,既是逃避又因为他的无动于衷。他对此很自责。唐璜或相当冷漠的人,这个纠缠他一辈子的主题本来可以成为他早期作品的主题。这个秘密对我,对我们所有人终于揭开了,就隐藏在加缪去世后被发现的《第一人》的手稿里。他去世前不久还在卢尔马兰写这本书。因为母亲不识字,他知道她不会读到这本书——或许正因为如此,他才沉湎于写作这令人心碎的情歌,谨慎地写给第三个人:"他沉浸在那份热烈、内在、模糊的神秘之中,这仅仅增加了他母亲不常显露的笑容或沉默所带来的那份平常的神秘。当夜晚来临,他走进餐厅,看到母亲独自在家,没有点燃油灯,任黑暗渐渐笼罩全屋,她自己也变得更加灰暗、更加厚重。她透过窗户望着街上的热闹景象陷入了沉思,这份热闹对她来说却是一种宁静。于是,男孩停在了门口,内心痛苦,他对母亲有一种绝望的爱,他爱她身上那种不属于或不再属于这个世界和日常平凡生活的那种东西。"

  这一切都触及加缪的内心深处,已不是卡布里能解决的问题了,而是文学生活的问题,而这对于我这样一个新手来说是那么缥缈。

在金山羊旅馆的平台上

在最初几次交谈中，几乎都是我提问题，我们聊到了书籍、杂志、写作。我记得他谈到了《恩培多克勒》，这是一本加缪风格的文学期刊，由勒内·夏尔（René Char）创办，虽然只有几期，但是每期都很出色。"很难令人相信，"他对我说，"但是资助者比较草率，他（我一直不知道指的是谁）赞助了几期，后来没有通知我们就停止了。"借此机会我们还聊到了保罗·伽旦（Paul Gadenne），这又是一位结核病患者，1956年病逝，终年49岁。《恩培多克勒》曾刊登过伽旦的《鲸鱼》。这是一个美丽的寓言故事，30年后我把它交给了南方文献出版社[1]。他用讽刺的口吻提到《现代》杂志最近出版了一本书，内容是描述一个妓女的悲惨一生＊：玛丽-泰蕾兹（Marie-Thérèse）在巴黎酒馆的地下室"工作"，1942年来到德国（强制劳役），之后她在汉堡逃过了英国炸弹的袭击，于1945年回到法国，接待美国黑人（她称他们为黑鬼[2]）。这种题材很少能发表。

加缪还和我提到了关于《鼠疫》的一些计划。（不需要重复罗歇·格勒尼埃的那句话："高尚的人不喜欢《鼠疫》！"）好

---

[1] Paul Gadenne, *Baleine*, Actes Sud, 1992, avec une introduction d'Hubert Nyssen.
[2] 1964年由科莱特-奥德里重新出版（龚蒂耶出版社，玛格丽特·杜拉斯作跋）。也有可能是《现代》的编辑（雅克-洛朗·博斯特？）执笔。

莱坞对他的小说很感兴趣。他要求对剧本、导演、发行以及电影剪辑有否决权。当然,他们拒绝了。他们最终拍了一部名为《一位好医生》的影片*。加缪又露出淡淡的、讽刺的微笑。

我们还谈论过让-加布里埃尔·达拉涅斯(Jean-Gabriel Daragnès)。他懂印刷,会雕刻、画插图,制作过一些优秀的图书,我曾在他那里学习印刷[1]。1950年达拉涅斯去世后,为了少量出版《不贞的女人》(后来收录在《流亡与王国》中的一部短篇小说),加缪经常去位于蒙马特于诺街的印刷厂。这本书的插图是皮埃尔-欧仁·克莱兰(Pierre-Eugène Clairin)画的彩色石版画。加缪告诉我,他很欣赏印刷厂的监工阿尔弗莱·佩罗,在他眼里,佩罗兼有专业技术和职业道德*,他非常善于协调手工劳动和脑力劳动,应该在《反抗者》的最后几页对他特别鸣谢。

我不大记得我们是否还聊到了音乐或绘画(他那时在读德拉克洛瓦[Delacroix]的日记)。我提到加缪的朋友,画家索维尔·伽利埃罗(Sauveur Galliéro),我曾在巴黎的大茅舍艺术学院见过他。这个放荡不羁的阿尔及尔人在绘画上有一定的天赋。他曾经对姑娘们吹嘘,加缪《局外人》中的默尔索是以他为原型的。阿尔及尔有个传言说,索维尔·伽利埃罗在母亲去世当

---

[1] *Jean-Gabriel Daragnès, 1886-1950. Un artiste du livre à Montmartre*, Musées de Sens, 2004.

天去了电影院——加缪应该是知道的。加缪这样回答我,当他以诚相待时,索维尔却吃空了他的食品柜,又侮辱了守门人的女儿,他不能把这种人称为朋友 *。

加缪经常提起托尔斯泰。他认为托尔斯泰是杰出的小说家。"在我这个年纪,他已经写了《战争与和平》。"他反复说。加缪在他的日记中写过伯爵与伯爵夫人的纠葛故事。我的那些优柔寡断的随笔之一,就是谈论在离莫斯科350公里处的亚斯纳亚-博利亚纳车站里的一个老人的过世——我更加关注围绕孤独的死亡和亲人陪伴的死亡的问题。除了《战争与和平》,这位尽力做到食素的智慧老人的最后几部作品也让加缪很感兴趣。他显然赞同俄国的思想。邮递员韦西尼也随声应和,加缪再次说:"当年轻人来找我,问我这样一个问题'今天该如何生活?'时我就回答:读托尔斯泰的最新著作 *,比如《我的信仰是什么?》,或者《那么我们应该怎么办?》,或者《关于性的问题》。"这使得加缪思想中所包含的尼采色彩相对弱化。

后来,我在加缪的札记中发现,加缪还喜欢引用一些箴言。除了戈宾诺(Gobineau)[1]的这句"在生活中,有爱情和工作,其他什么都不重要了",他往往还会自发地列举圣-伯夫(Sainte-Beuve)的一句话,"如果有人能讲五分钟的真话,这个

---

[1] 戈宾诺(1816—1882),法国外交官、作家,其最著名的作品是《人种不平等论》。——译注

世界就会崩塌了"。在《札记之二》（1947年）中，他给出了确切的文本："我始终认为，如果一个人能够做到所言即所思哪怕一分钟，世界就要崩塌了。"（第219页）两年后，加缪对这句话做出了解释："人们对于自己知道的事情，最多说出实情的四分之一，否则一切都要崩塌了。人们说的真话太少，他们只是在虚张声势。"（第274页）[1]作为回应，西蒙娜·薇伊在最后几封写于伦敦的信件中说："在这个世界上只有受尽屈辱之人才有说真话的可能，其他所有人都是在说谎。"[2]我一直很遗憾没能认识她。

我和加缪不得不分开，只能靠通信维持联系，直到在巴黎的几次见面让我们又重新建立了联系。

论友情

没有什么比谈论友情更加艰难的了。这是一种少有的、深沉的情感，因为腼腆的天性，彼此默契的行动比言语的表达更加自然。当我还是年轻人的时候，我用多年的时间思考一个问

---

[1] 加缪致西蒙娜·薇伊的信，1951年2月11日，写于卡布里，in Simone Weil, *Œuvres*, Gallimard, coll. « Quarto », 1999, p. 91。

[2] 8月4日的信, in Simone Weil, *Œuvres complètes, Correspondance familiale*, t. VII, vol. 1, Gallimard/NRF, 2012, p. 302。

题：友情能为年长的一方带来什么？严格地说，什么也没有。这份友情是真实的，它很大程度上得益于加缪自始至终对我表现的积极和友好的态度。随着时间的推移，这份友情愈加清晰，两个身份不同的人本该彼此疏远，但是这丝毫没有影响两人分享各自的经历——木桶制造车间的深刻记忆；他和舅舅在阿尔及尔郊区的记忆；我的祖父在贝尔西[1]的故事；足球比赛练习：他作为阿尔及尔大学竞技俱乐部的守门员的回忆，而我呢，曾经是科隆布巴黎竞技俱乐部的前卫（右卫）[2]；由于肺部问题的困扰，我们都在很长的一段时间里停止了所有活动（他在勒弗雷，我在蒙大拿州）；第一次婚姻失败留下的痛苦回忆；大学中途退学后从事非学术职业的事实。最后，也是最重要的，我们都对舞台艺术的顶峰——戏剧满怀激情，虽然我不敢与他相提并论。他在巴黎或昂热，而我，多亏了他，在斯特拉斯堡，我所在的剧团与他最初在阿尔及尔的团队如此相似，最初的几年我们一直都在为戏剧的地方化而奋斗。

---

[1] Baptiste-Marrey, *Rouge le vin, rouge mon cœur*, Stock, 2006.
[2] Baptiste-Marrey, «Onze contre onze», in *Ombres par-dessus mon épaule*, Le Limon, 2009.

《反抗者》

最绝的是,做好事却听到别人说自己不好。

安提西尼(Antisthène)[1]

出于道德的,也可以说是哲学的以及政治的原因,我很钦佩阿尔贝·加缪。还记得他第一次带给我的震惊,即使之前我认识这个人,我依然很震惊。他以别人无法模仿的风格和腔调说出了20年来我期待听到的一句话,有么点不耐烦,或者说是焦虑:"真正严肃的哲学问题只有一个,那就是自杀。判断生活是否值得,是回答哲学的根本问题。"这是《西西弗的神话》开篇的几句话,今天人们对加缪其他书的关注多于这本(时人关注的重点大多放在《鼠疫》与《反抗者》上,最重要的始终还是现实问题,即阿尔及利亚和殖民主义),这几句话如《方法论》[2]的开篇般有着轩昂的语调和无可挑剔的准确:"良知是世界

---

[1] Cité par Albert Camus, *Carnets I, op. cit.*, p. 251.
[2] 笛卡尔的哲学论者。——译注

上分配得最公平的东西，因为每个人都认为自己拥有足够的良知，就连那些在别的任何事情上最难满意的人，也不会希求获得比现有更多的良知。"

战争[1]结束时，《西西弗的神话》一书直抵人心，它回应了全面战争暴行之前社会的动荡、文明的脆弱、体制的僵硬。这场战争不仅打击了参战者，而且刺痛了所有的欧洲人民，无论在哪里（奥拉杜尔[2]），无论是怎样的人。这位另类作家的每本书对我而言都是重要的：他不是共产主义者，1936年他曾经在阿尔及尔公开加入过共产党，但是时间很短；他不曾与《现代》杂志合作过（当时这本杂志简直就是我的《圣经》）；他与虚伪的莫里亚克[3]（Mauriac）进行论战；他还热爱戏剧。

1953年，距离战争结束不到十年，我在卡布里。我刚刚度过了占领期间那段黑暗可怕的日子，我的年纪足以明白这一切，可要参与其中还是太过于稚嫩。事实证明，最理想的解决办法就是做历史的见证人。年轻人明确表示不妥协，他们敏锐地注意到社会秩序已经崩塌，社会精英们——军人、政客、经济学家，以及一些文化头面人物如亨利·德·蒙泰朗（Henry

---

[1] 指"二战"。——译注
[2] 奥拉杜尔是法国的一个村庄，1944年德军屠杀了该村的几乎所有村民，即奥拉杜尔大屠杀。——编注
[3] 弗朗索瓦·莫里亚克，法国作家，1952年诺贝尔奖获得者。莫里亚克与加缪有过分歧，加缪曾说："我一谈正义，莫里亚克先生就跟我谈仁慈。我们所要求的惩罚是当下所必需的正义，应该拒绝这种'神圣的仁慈'。"——译注

《反抗者》

de Montherlant）、德里厄·拉罗歇尔（Drieu La Rochelle）、保罗·莫朗（Paul Morand，如今去世了，人们又开始称赞他）——已经背叛，一些重要的机构（法兰西学院、教会的高层、媒体）也失去了公众的信任。到1943年年末，80%的法国人成了贝当派。最终，人们开始发现纳粹集中营的卑劣。斯大林的思想体系开始动员民众阶级和地方知识分子发挥强大力量，它认为这股力量代表着人民的希望，将缔造一个更加公正的社会。苏联被我们的诗人（他们曾经奋起反抗过希特勒）、艺术家、非资本主义阵营的报纸和工人阶级推崇。装满送给斯大林礼物（用红纸包装）的货车定期开往莫斯科——在现场奏乐和热情的演讲声中徐徐驶离。后来我偶然发现古斯塔夫·赫尔林（Gustave Herling）这样的例子[1]。赫尔林是一位波兰作家，在苏联极北地区的集中营被监禁了两年。1956年6月25日，"阿尔贝·加缪表示很遗憾不能为波兰作家古斯塔夫·赫尔林出版《单独的世界》[1951]这本书。1939年到1941年，古斯塔夫·赫尔林曾被关进苏维埃集中营，他重要的证词只在1985年用法语出版过"。这也表明十年冷战后，苏联和它的中继站，也就是法国共产党在独立出版社中的分量。

---

[1] Élie Barnavi, Hélène Duccini, Yann Fauchois, Patrice Gueniffey, Frédéric Gugelot, François Lebrun, Guy Lobrichon, Jean Loignon et Jean-Louis Panné, *Le Journal de la France et des Français. Chronologie politique, culturelle et religieuse, de Clovis à 2000*, Gallimard, coll. «Quarto», 2001.

我们在卡布里曾聊过这一话题：意识形态的内战会将人群划分为不同的阵营。在民主阵营里，美国的麦卡锡主义实行政治迫害，资助反共主义。与此同时，被从中间切开的式微的欧洲试图建立煤炭和钢铁的欧洲共同体。我们的欧洲从来没有从原罪中恢复过来：工业一直排在艺术的想象与公平创造的社会体系之前。

而我呢，刚刚艰难地走出青春期，处于被家庭、学校拒绝的状态，我对自己的未来不太有把握，也没有一份真正意义上的工作，这时的我梦想着艺术家的乌托邦共同体。

我23岁那年，一代年轻人发现了《反抗者》，当时没人能读懂，真的，没人能读懂……我们一页页品啜，大口吞咽，细细回味。那本书就好似烈焰在燃烧："有的犯罪是出于激情，有的犯罪是出于逻辑，《刑法典》以是否有预谋为标准对犯罪行为加以区分。如今我们正处在完美预谋的犯罪时代。"[1] 读到这段话时，我们刚刚经历了达豪、布痕瓦尔德和奥拉杜尔大屠杀！"何谓反抗者？一个说'不'的人。尽管他有所拒绝，但是并不放弃：从一开始他就是一个说'是'的人。"[2] 这也是佩玑[3]（Péguy）所表达的"相同的呼吸、相同的光明"，一如柏格森在

---

[1] Albert Camus, *L' Homme révolté*, in *Théatre, récits, nouvelles, op. cit.*, t. 2, p. 423.
[2] Ibid.
[3] 夏尔·佩玑（Charles Péguy, 1873—1914），法国诗人、散文家。——译注

19世纪所说:"同样的一束光,同样的一缕新鲜空气,另一堵谎言之墙就崩塌了。"

16岁时,我在巴黎清晨美丽的阳光中,看到第一批穆斯林归来。他们是最早被流放的人,衣衫褴褛,瘦削的身体一直在颤抖。于是,我看到,我这代人也都看到,受过教育、有文化教养的欧洲人对同类可以残忍到何种程度:蒂勒(Tulle)大屠杀、拉文斯布吕克集中营、毛特豪森集中营!人们开始猜测,在那些"美好的明天"之外,另一座谎言之墙,比如西伯利亚的古拉格又要出现了。当民主制度、脆弱的和平刚刚在雅尔塔达成,希腊的马克思主义游击队员在基克拉迪群岛的马可罗尼索斯(Makronissos)岛开创了民主制度之时,丘吉尔的英国部队却支持希腊法西斯右翼的决定。《现代》杂志公正地揭露了此事,尽管后来它对《反抗者》持反对立场。

年轻的加缪帅气、多情,他很成功,很受欢迎。平庸之人要联手对这个美好的灵魂进行报复!超现实主义的非洲艺术贩子、欧特伊和帕西[1]的马克思主义者、花神咖啡馆的存在主义者们,所有这些人都在叫嚣着要攻击这个"美好的灵魂"!在攻击加缪的十人当中,就有一言难尽的埃德加·莫兰[2](Edgar Morin):"在那时,我放弃了美丽的灵魂,出于一切道义的要求,

---

[1] 欧特伊和帕西是法国巴黎十六区的一部分。——译注
[2] 法国当代著名思想家。——编注

我只想看到主观的自我反省……装模作样太容易了；简言之，要摆脱奴役就需要革命战斗！在加缪身上，我看到了世俗的新佩玑主义[1]的影子。"[2]

为兰波（Rimbaud）翻案还说得过去，但加缪还要攻击洛特雷亚蒙[3]（Lautréamont）！加缪写道："就像马尔多罗（Maldoror）想要彻底地反抗一样，洛特雷亚蒙以同样的理由宣布了绝对的平庸……在反抗受到的各种虚无主义诱惑中，因循守旧就是其中之一。"回想一下安德烈·布勒东（André Breton）在《艺术》周刊上写的一番话："通向节制的反抗是一种被阉割的反抗。"[4] 所有人都还记得他在战前发表过的宏论："超现实主义最简单的行动，就是攥着手枪上街，在人群里想怎么开枪就怎么开枪。"[5] 法国被占领期间，这位超现实主义教皇龟缩在纽约，而纳粹党卫军却在欧洲到处向手无寸铁的过路人开枪，尤其是犹太人。

1953年春天，论战的帷幕落下，加缪陷入了孤独（为此人们没少议论他）。有人猜想他患有抑郁症（1952年3月），创造

---

[1] néo-péguysme，佩玑主义指反教权主义。——译注
[2] In Albert Camus, Œuvres complètes, op. cit., t. 3, p. 1221.
[3] 原名伊齐多尔·吕西安·迪卡斯（Isidore Lucien Ducasse, 1846—1870），法国诗人，著有长篇散文诗《马尔多罗之歌》。马尔多罗是其中的主人公。——译注
[4] André Breton cité dans Albert Camus, Œuvres complètes, op. cit., t. 3, p. 1227.
[5] André Breton, Second Manifeste du surréalisme, daté de 1929.

《反抗者》

力陷于停滞。这幕剧理应分为两幕。

第一幕来自弗朗西斯·让松的攻击。《现代》杂志补上了第二刀,这是一家不知名的杂志,人们却在此发现了让-保罗·萨特的文章。公众舆论总是把他的名字与加缪的名字过度地联系在一起。文章题为"反抗的灵魂",这是一个糟糕的双关语,意图很明确。"灵魂"是一个可疑的、反动的词,是不想弄脏双手的人的特点,"加缪,上帝对您的眷顾远多于其他人,您不是在右翼,加缪,您是在空中"。

第二幕:加缪在随后一期《现代》上发表了一封致杂志社经理的回信,这只不过是回复的惯常做法,却被萨特抓住作为嘲笑加缪呆板、形式主义的借口,而整个巴黎都知道这两个男人原本关系亲近。萨特继而回复:"恐怖是一种抽象的暴力。您抛弃了历史,而当历史抛弃您的时候,您就变得恐怖和粗暴,也就是您只不过成了反抗的抽象。"萨特还指责加缪不了解让松,让松再次用废话连篇的文字没完没了地攻击加缪,他在文章中蔑视加缪,认为真正的哲学家(专业人士)支持有格调的人。之后在法国大学里还流传出这样的一句话:加缪,"最末流的哲学家"[1]。与此同时,伯纳德-亨利·莱维(Bernard-Henri Lévy)说出了一句令人难以置信的话:"宁愿和萨特犯错,也不要和

---

[1] 让-雅克·伯劳希耶的一本小册子的题目,Jean-Jacques Brochier, *Albert Camus, philosophe pour classes de terminales*, André Balland, 1970。

加缪讲理。"[1]"这是甲虫的大规模起义,"加缪说,他接下来解释,"我在《利特雷词典》中读过,他们是愚昧的知识分子的朋友……也叫蟑螂。多么有趣。"(《札记之三》,第45页)

但是对他来说,真正的分歧在于彼此面对共产党和俄罗斯、斯大林以及古拉格集中营的立场,萨特怒斥:"反共主义者是条狗——我绝不放弃这一立场,我永远不放弃。"[2]

加缪并不是傻瓜,我们离开卡布里后写的信也证明了这点。在那里的15天内,我们之间的话题始终围绕着这场争论展开。中午时,我们也会如这里的村民一样好奇地观察刚到梅苏奇埃尔的汽车和新游客。

我曾经就《反抗者》的论战一事写信给他。1953年3月30日,他回复说他写这本书时就知道会是怎样的后果。[3]他喜爱友谊甚于孤独,但是他不能违背真实的内心或是他认为的真实的内心。他尽可能用良好的心态接受这个处境并等待事态变化的迹象(我的信也是其中一部分)。说到萨特,加缪为他们之间的友谊感到惋惜,但认为萨特在答复中并没有告诉他真相,因为他若那么做就会失去法国共产党的信任。加缪对萨特以及左

---

[1] 伯纳德 - 亨利・莱维改写了让・达尼埃尔的原话(La Blessure,1992):"相较于与阿隆闷闷不乐地讲理,与粗犷兴奋、感情丰富的萨特犯错更容易一些。"*Œuvres complètes, op. cit.*, t. 3, p. 1234.

[2] Ibid., p. 1222.

[3] 1953年3月30日的一封信,阿尔贝・加缪中心档案馆,艾克斯 - 普罗旺斯。这里还存有阿尔贝・加缪写给我的其他信件。书后附此信的大致内容。

派知识分子已然心灰意冷：他们背叛了理性，向权力屈服，与1938年起右翼知识分子如出一辙。

从这一刻起，加缪也应该预感到在很长时间里（事实上，直到他去世时），佩玑所说的"知识分子党"会与他、他的作品以及他的思想疏远。与此同时，在大众看来，他的信众人数却在不停地增长，无论是在法国还是在其他国家。1957年加缪获诺贝尔奖只会加剧"思想领袖"和读者群之间难以弥补的裂痕。

插曲 1

另一边的旅行

克里斯塔·沃尔夫（Christa Wolf）在铁幕国家那一边的经历被她称为"现实另一边的旅行"[1]，这一切或基于历史原因，或出于偶然，也许是选择，最终都成为必然。威廉·福克纳（William Faulkner）是这样阐述的：他思忖是否有必要对一只乌鸫反复作画 13 次才能够抓住其真实性。[2] 这是诗人和小说家都会，或者都应该提出的一个问题。这个问题的提出者是阿尔贝托·贾科梅蒂（Alberto Giacometti）。福克纳则认为读者自己画的第 14 幅画才是令人满意的。大众媒体就不会提出这样的

---

[1] Christa Wolf, *Ville des Anges*, Le Seuil, 2013, p. 366.
[2] William Faulkner, *Faulkner à l'Université. Cours et conférences prononcés à l'Université de Virginie (1957-1958)*, Gallimard, 1964, p. 177.

问题。他们习惯于体育节目的计算方式，习惯于误导观众，同时又尽可能不引起观众质疑，这些可以通过概率的方式把变动的现实表现出来，比如足球场上的比赛结果是 5∶0，这就是不可改变的：一个得胜者，一个失败者。不存在争论以及潜在的质疑。一面全是黑色，另一面全是白色。如果引起谣言和猜疑，白色就会变成浅灰色或木炭色。而一旦嫌疑人深表愧疚（比如为补偿延误的责任），白色就会变成黑色，很难甚至不可能再变回灰色，即使我们为此感到可惜，可是灰色本就是人类社会和作家写作素材的底色。这就是说，要忘记纯粹的黑或纯粹的白。每个人都肩负着必要而艰巨的任务，其中之一就是要认清他的对手和敌人的真相，对于作家来说尤其如此。一般情况下，人们对此并不关心。我在 2010 年 3 月发现奥斯维辛集中营的卫兵们被营地的解放者施以私刑致死。[1]就像 1944 年战争期间我们的游击队处决了俘虏一样。我并没有说他们不是"罪有应得"，我的意思是，我不知道是否应该如此。是身不由己或是其他原因，这件事就这样被封口了。

说起在"另一边的旅行"，最佳的也是最有勇气的例子，是 23 岁的斯蒂格·达格曼（Stig Dagerman）讲述的摆脱了纳粹的德国难民的生活[2]，他们在 1946 年的冬天还生活在地下室里。

---

[1] 克里斯蒂安·德拉热专访，《世界杂志》，2010 年 3 月 13 日，正值"集中营拍摄——从好莱坞到纽伦堡"展览之际，大屠杀纪念馆。
[2] Stig Dagerman, L'Automne allemand, Actes Sud, 1980. p. 7.

这些发表在瑞典杂志上的文章已被汇集成册,于 1980 年译成法语。达格曼写道:"在小城的车站旁,人们会看到喝着酒的小姑娘紧搂着盟军战士的脖子,有的小姑娘则半躺在候车室的长椅上,陪着她的是一个黑人醉鬼。其他的年轻人没有经历过这样的人生逆转:18 岁的时候她还拥有全世界,22 岁的时候就失去了这一切。"类似的还有 1945 年红军对柏林妇女甚至小女孩进行的一系列强暴事件,这些事实直到 50 年以后才"慢慢传开"。知情的人皆缄口不谈(经历此事的女性们更是如此)。

另一个例子则是另外的性质了。或许有点夸张,这几年彼得·汉德克(Peter Handke)一直受到法国出版界和评论界的追捧:他的每一部作品都被誉为一个重大的文学事件。直到波斯尼亚战争期间,他决定去"另一边"——靠近塞尔维亚人的地方——看看发生的事情。他的血统和所受的教育让他对塞尔维亚比较熟悉:"我只是希望去看一看这个我知之甚少的国家,它最吸引我的是那些流传的消息和舆论,而人们听到的那些令人不安的传闻才是最值得关注的。"[1]这是一种善意的抗议。(你们看到,"道德"一词总是让人生疑)法兰西喜剧院已经为他的演出排期了,但是经过一连串的论战后,演出被无限期地取消了,

---

[1]《多瑙河、萨瓦河、摩拉瓦河和摩拉纳河冬日之行》,这也是彼得·汉德克所写书的全名(Suhrkamp, 1996;Gallimard, 1996),乔治·罗尔费弗尔(Georges Lorfèvre)译,而非汉德克的御用翻译、审慎的乔治-阿瑟·歌德施密特(Georges-Arthur Goldschmidt)。

来自远方的消息引起了罕见的效应,负面的报道、糟糕的翻译和不可控的言论都加诸汉德克身上。众媒体对可疑者仁慈地保持缄默长达数年。受尽磨难15年之后,汉德克才得以重返文坛并重获出版商的青睐,他"愤怒地反对那些自以为什么都知道的人,反对那些令战争雪上加霜的人"[1]。

同样的还有杰出的作家克里斯塔·沃尔夫(《卡珊德拉》,难得的好书!),虽然她受到所在单位的庇护并且幸运地被划分在边界的"正确的那边",但在柏林墙倒塌之后,那些难对付的人指责她在东柏林待的时间过久,她为此受到牵连,错过了诺贝尔文学奖,但她比其他那些才华不够却因为在"正确的那边"出生和生活的人们更应该获得此奖。在那边,没有什么难以做出的决定,为了生存而做出某些妥协(到什么地步?)是不可避免的;在那边,日常的勇气被掩藏在集体的低迷气氛下;在那边,千百万的人在一个不再存在的国家生活了40年。"应该怎样描述这一切?"克里斯塔·沃尔夫在思考这个问题,"我们喜欢的不是国家当时的样子,而是未来它有可能变成的样子。尽管它现在这样,但并不会一直这样,我们坚信。"[2]

加缪并没有离开过阿尔及利亚。1945年,抵抗运动刚刚结束,加缪去了莱茵河的另一边,看昔日战败的敌人变成了什

---

[1] Peter Handke, « Quinze ans après », *Le Monde*, 22 avril 2012.
[2] Christa Wolf, *Ville des Anges, op. cit.*, p. 247.

么样。

对这些例子的回顾（当然还有其他的例子）表明：正是在细微的差别和必然的细节中存在着真相。巴门尼德[1]（Parménide）早已指出："一切事物都充满着光明，同时也浸染着暗夜的黑。"这种明暗的对比不是社会这头庞大的怪兽及其发言人首要关心的问题。加缪在出版《反抗者》后遭遇巨大的危机，但仍然忠于尼采的箴言："我只在确定找不到盟友时才发起攻击。"[2]

1953年，加缪与年轻的同盟重返卡布里。

仍然是这位皮埃尔·艾尔巴尔，他与加缪在金山羊酒吧喝着茴香酒。从1936年开始，他在共产国际宣传处工作，在被布莱希特称为"所有劳动者的光辉之都"的莫斯科管理一本用四种语言发行的刊物，即《国际文学》。借此机会，他着手准备纪德访苏的旅行，顺便参加马克西姆·高尔基（Maksim Gorky）的盛大葬礼。在红场上，在斯大林和莫洛托夫（Molotov）之间的贵宾讲台上，纪德赞扬了这位伟大的"苏维埃"小说家！（对此萨特终生都耿耿于怀！）他的法语演讲通过洪亮的扬声喇叭一直传到首都的各个车站。

皮埃尔·艾尔巴尔开玩笑说，在访苏途中，"经过每个陌生

---

[1] 古希腊哲学家，第一次提出"思想和存在是同一的"命题。——编注
[2] Friedrich Nietzsche, *Ecce Homo, op. cit.*, p. 33.

的村庄时,纪德乘坐的车或者至少是最前面的一辆车都会挂有欢迎他的旗帜"[1]。艾尔巴尔还清晰地讲述,在克里姆林宫招待纪德的宴会上,列宁的战友之一布哈林走进大厅,当时整个苏维埃上层都已经知道,他只剩下几个小时的自由了,随后他将被逮捕,被迫认罪,接受判决。后来布哈林于1938年遭到枪决,直到1948年恢复名誉。

为什么我们今天要重温这段被历史掩埋的记忆?因为我们话题的核心就是勇气。

加缪和艾尔巴尔一起抽着烟,喝着茴香石榴酒,在我面前,他们就是两个具有英雄气概的榜样。我斟酌着我的用词。那么,什么是勇气?勇气是在第一次交火之后明知道战斗注定失败但仍然继续战斗,因为它捍卫的价值,不是一场不可能胜利的战斗所能体现的。

当共产党认为纪德会"吹响巴比塞的号角"时,纪德却出版了《访苏归来》。[2]他明白他将遭到大多数持左派观点的人士的抛弃,其中不乏教师、学生等各界人士,而正在西班牙拍摄《希望》的共产主义者,也是纪德的好友马尔罗(Malraux)也曾认为《访苏归来》不适合出版。纪德与左派决裂后,马尔罗

---

[1] Claude Mahias, *La Vie d'André Gide*, avant-propos et commentaires de Pierre Herbart, Gallimard, coll. «Albums photographiques», 1955, p. 92.
[2] 在《访苏归来》中,纪德真实地记录下在苏联的所见所思。由此,纪德与法国共产党中断了联系。——编注

继续与共产主义世界保持良好的关系。

数一数今天用安德烈·纪德命名的文化中心、图书馆、街道。没有一处。在与传统左派的信条决裂后（左派认为已经与传统断裂），加缪知道这也意味着他要与法国知识分子决裂50年，他知道终有一天，教师会劝告学生毕业后要做一个"真正的"思想家，而不是一个在哲学里生活的道德家。"从某种意义上来说，《反抗者》是一种信念，是一种独一无二的信念。为此，我用了四年的时间几经踌躇反复推敲才完成此书。"[1]他写道。

加缪与阿尔及利亚有着千丝万缕的关系，他的个人悲剧在于，他既不能选择黑，也不能选择白。命中注定他是灰色的，因为他经历过"另一边"——他在那里出生，在那里生活过。这一切使他可以预见未来——可是这多么痛苦！

---

[1] Albert Camus, «Défense de *L'Homme révolté* »，与皮埃尔·贝尔杰的谈话，书简报，编入了《反抗者》的附录部分，*Œuvres complètes, t. III, op. cit.*, p. 366-378。

影子花园

> 哲学的价值取决于哲学家的价值。哲学家越伟大，他提出的哲学问题越正确。
>
> 阿尔贝·加缪，《札记之一》

　　加缪的小办公室位于塞巴斯蒂安-博丹街，那里有露台可以俯瞰花园，我只去过一次。那次聊天的内容我已记不太清，大概是有关我的戏剧创作走向或者是有关《不信教者》的誊写。我递交给他我写的第一篇随笔，但是他拒绝了，这令我极度沮丧。他赞赏了我具有"论战者的天赋"。（我在里面用恰当的方式批判了莫里斯·布朗肖［Maurice Blanchot］作品的晦涩难懂，我不应该夸耀这种现如今被文学青年极力推崇的风格。）在1955年7月7日的来信中他又补充说，《不信教者》是一种调整，就好像所有的作家在开始创作之前都要先调整自己。

　　在1953年12月2日的一封信中，他仍是委婉地拒绝了我写的剧本初稿，他有更紧急的事要完成。现如今我都羞于将这个剧本展示出来。他读过了，还是夸赞我，但是他认为这个剧本还不太成熟，其中描写的场景不够生动。他补充说，没有什么比戏剧创作更困难的了。他还保证,无论如何,这初次的尝试让他在我身上看到了希望——尽管遭到了拒绝,我却有了勇气。

当时路易·吉尤也在加缪的办公室里,我是他的忠实读者。他嘴里叼着烟斗,头发花白,面容消瘦,目光狡黠。他正要离开,加缪则坐在桌子后面。他比加缪年长 15 岁,他善意地叫加缪"我的孩子"。我去的时候他们刚刚聊完,他说:"为什么你要不惜任何代价让生命变得有意义?"加缪笑着说:"因为我不能屈服于它没有意义。""但是它从来就没有!再见吧,我的孩子。和你年轻的朋友聊吧 *。"于是他留下我和加缪走了。

正是那天,加缪和我聊到了圣布里厄的哲学家们。除了让·格勒尼埃(Jean Grenier),这座没有大学的城市实际上只有两位著名的哲学家,但是他们都自杀了。一位是乔治·帕朗特(Georges Palante,1862—1925),《为个体战斗》的作者。这个论题(为个体战斗)曾被否定过。帕朗特是一个梅林式的人物,梅林是吉尤作品《黑血》中的主人公,外号"纯粹理性批评者",这是一个令人难忘的英雄,可笑又悲壮。乔治·帕朗特是加缪的哲学老师,同时也是让·格勒尼埃的哲学老师。乔治·帕朗特不堪学生以及一些同事的阴谋,于 1925 年自杀了。他与另一位哲学家儒尔·勒基耶(Jules Lequier,1814—1862)同属形而上学派。勒基耶是一个真正的西西弗式的英雄。加缪略带嘲讽地开玩笑说:勒基耶向上帝发起赌局——如果上帝真的存在,并且是大大的好人的话,那么,一旦勒基耶身处危险之中,上帝就会来解救他,比如,救出溺水的他。夜幕降临后(1862年2月11日),38岁的勒基耶在圣布里厄港口的普莱兰海滩上脱去了衣服,径直向大海深处游去*。"当然,他没有再回来。"加缪微笑着说。我能理解这笑容的含义。

  勒基耶的死亡也许还有其他的原因:生活的贫困、爱情的挫折,或者是某种形式的疯狂。他留下了一部手稿,题为"寻找最初的真相"。这成了让·格勒尼埃的博士论文主题,格勒尼埃曾是加缪在阿尔及尔读文科预备班时的老师。战后,让·格勒尼埃去了里尔当老师,他曾经在埃及和阿尔及利亚居住过。这是一个有些怕冷的男人,他向往去索邦大学,这样可以离他居住的皇后镇更近一些,用加缪的话说,"可以更暖和一点"。他下定决心向索邦大学的哲学家专业评审委员会提交论文,委员会以缺少文献(科学)工作的研究为由拒绝了,"自然是因为眼红他的文学光环"。格勒尼埃并没有因此而气馁,他用亲自拍摄的照片更完整地展现了这篇论文(勒基耶的墓地、房子、海滩等)。因为懒得进行拉锯战,他终于被索邦大学接受,不过不是教哲学,而是教审美。[1]

  我还了解到,1947年路易·吉尤和让·格勒尼埃来到布列

---

[1] 加缪的记忆应该是出现了偏差。我这里有格勒尼埃的论文样本(里面有很多著名的图片和手写资料),1936年由阿尔及尔文学院出版社和文学出版社出版。20年后,加缪的话或许是指阿尔及尔评委会?也有可能战后格勒尼埃尝试到索邦大学教书,似乎遇到困难,而此时正好出现了这样的评论。

塔尼拜访阿尔贝·加缪,吉尤带加缪参观了圣布里厄的公墓。加缪在那里找到了他父亲的墓地,他以前对此并不知晓:父亲吕西安·加缪(Lucien Camus)是一位酒窖工人,在马恩河战役中负重伤,1914年10月11日在圣布里厄医院去世。也正是发现墓地的这一天,加缪发现他的父亲还不到自己这个年龄就已经去世了。他决定去重新认识这个他不太熟悉的人。这都成为创作《第一人》的种子:波澜不惊的贫困生活、孤儿、农活、奉子成婚(加缪的哥哥在父母婚后两个月出生),随后是战争、负伤、死亡……"在圣布里厄,在我父亲的墓碑旁,我感到时间解体了。最终,我不知道我的父亲是谁——然而我自己呢,我又是谁?"[1]

在巴黎那间洒满阳光的办公室里,加缪聊到了他的朋友及他的具有哲学意味的自杀、大海、圣布里厄绵延不绝的海滩——离地中海如此遥远。他对在吉尤陪同下发现的重要问题保持沉默:"自从我来到法国生活,我便答应仍然待在阿尔及利亚的母亲,去看看我父亲的墓地。她从未去过,很久以前就要求我去。这时候,我在墓碑上看到了父亲的生卒年份,就是那一次,我才发现我并不了解过去。我看了看这两个日期:1885年、1914年。我机械地计算了一下:29岁。突然一个念头涌上

---

[1] Albert Camus, «Notes et plans», Appendices du *Premier Homme, Œuvres complètes, t. IV, op. cit.*, p. 943.

来,震撼了我的身心——我已年逾30,而埋在这块石板下面的男人,我的父亲,却比我还年轻。"[1]

这个悲剧性的主人公吐露心声,这一次不再含有任何讽刺意味。"多年来在暗夜中走在被遗忘的土地上,这里的每个人都是第一人,在这里我经历了没有父亲、不得不独自长大的岁月。我从未拥有过这样的时刻:待儿子长到能够倾听的年纪时,父亲呼唤儿子,对他讲述家庭的秘密,或过往的痛苦,或分享他的生活经验。"(《第一人》)

从消失在海里的勒基耶到这块墓地,有一种命运的纠缠和浪漫的巧合。在这里,这些个体命运以一种痛苦的方式在历史的强大旋涡里开辟出一条道路。

从伽利玛出版社到卢森堡公园,只有几步之遥。一边是先贤祠和索邦大学,另一边是奥德翁和蒙巴纳斯,加缪对这些地方都非常熟悉。没有什么比这更能让他激动的了,加缪处在荣誉的顶端,但他的内心深处或许也存有疑惑,既有对个人生活的困惑,也有对作品的困惑,这些全部掩盖在嘲讽而殷勤的面具下。

我看到加缪离开女士大街的公寓,穿过花园。他嘴里叼着香烟,身着私家侦探式的风衣,双手插在衣服口袋里,腰带紧

---

[1] Albert Camus, *Le Premier Homme*, Gallimard, coll. « Folio », *op. cit.*, p. 34.

束，衣领竖起，来到了塞勒玛·薇伊（Selma Weil）女士家的门前。这座美丽宽敞的房屋位于公园的另一边，距离圣米歇尔大道 20 米。加缪恳请年长的塞勒玛女士允许他在她女儿西蒙娜的房间里待一个小时。西蒙娜是一个"把哲学带到生活里的哲学家"，是一位天才作家，生前仅在激进的杂志发表过几页纸的文章。1943 年 8 月 24 日，也就是巴黎解放前一年，她在孤独、饥饿和绝望中逝于英格兰。战后，加缪认真地编辑了她的作品，并将其收录在他的"希望"丛书中。

1933 年 12 月 31 日，就在这座屋檐下，西蒙娜的父母应女儿的大胆要求，秘密接待了人称"老爹"的列夫·托洛茨基（Léon Trotsky）数日。托洛茨基不无讽刺地问她："您是救世军吗？"[1] 还是在这座屋檐下，加缪独自端坐，他对"红色圣女"说了什么？他提了哪些问题？又期待怎样的答案？他听到回答了吗？一个没有信仰的信徒的隐秘祈祷？

"她对任何事情都不抱有成见，除了残暴或者卑劣，这两者是相同的。她不蔑视任何事情，除了对蔑视本身……"[2] 他笔下的这位年轻女人，没有人了解她经历过怎样的尘世爱情。西蒙娜·薇伊说："真正的道德是纯粹从内心散发的。如果一个人待在洞穴中，即使他观察到道德的一切外在规则也只是枉然，他

---

[1] Simone Weil, *Œuvres complètes, Correspondance familiale*, t. VII, vol. 1, *op. cit.*, p. 151 et 177.

[2] Albert Camus, « Simone Weil », Bulletin de la *NRF*, juin 1949.

将不是有德的。智性的生活和道德的生活是一体的。不应该说:'我不能理解。'应该说:'我能够转动灵魂的眼睛以便理解。'"在罗阿纳中学的一棵雪松下,这位28岁的老师(西蒙娜·薇伊)对她17岁的学生讲了关于柏拉图的洞穴和影子论的一番话。[1]

---

[1] Simone Weil, *Leçons de philosophie. Roanne 1933-1934*, Plon, 1995, p. 236.

暂 停

在利普啤酒馆

多亏加缪的帮忙,我在斯特拉斯堡工作了十年。有一次我来巴黎的时候,他邀我晚上去利普啤酒馆。我坐在里面,在一进门的右手边,面对着里昂－保罗·法尔格(Léon-Paul Fargue)的父亲最近刚完成的一幅精湛的镶嵌画,上面还有他的签名。闲暇时来这个啤酒馆感觉很舒适,这里除了米齐格啤酒和鲱鱼,还有与法尔格有关的记忆。

加缪在我之后五分钟到达。当时是冬天。他穿着鲍嘉式的风衣(有人说是"防水衣")。坐定后,他让我留意一个"迷人的姑娘"(在《堕落》里,她将是一个"祸水",在《幸福的死亡》里,她是"小蠢货")。那是一个年轻的漂亮女人,独自坐在长椅上,似乎正是为了治愈我的孤独。

那天，大抵是在同样的地点，让－克洛德·布里斯维尔（Jean-Claude Brisville）和加缪打招呼时，看到一个美丽的女人进屋，他们惊叹："这个上天派来我们这里的尤物是谁？"在我担任审读工作（这是我在东方剧院的职责之一）之后，布里斯维尔以及达尼埃尔·勒沃格勒（Daniel Leveugle）在1956—1957年的演出季上演了《圣茹斯特》：罗伯斯庇尔（安东尼·维泰兹饰演）和圣茹斯特（阿兰·马克穆瓦［Alain MacMoy］饰演）之间关于恐怖的必要性的对立观点正是对《正义者》的呼唤[1]。

布里斯维尔刚刚写信回复了克洛德·莫里亚克（Claude Mauriac）攻击加缪的文章。这封信如同扇回去的耳光*，加缪对此表示感谢。加缪也提醒了布里斯维尔，一旦参与到论战中，就会"因为这件蠢事"而得罪有影响力的人物，可能会对他造成负面影响*。

就是从这以后，我们的话题似乎转向了弗朗索瓦·莫里亚克[2]。前些日子加缪本有机会接受电视访谈，但是他和这位《费加罗报》的评论作家相看两厌。我们评论他的言论，我提到莫里亚克对年轻人在床上犯的错误的评论*；加缪则说莫里亚克自己都承认"是一个记仇的人"，并且还绘声绘色地模仿了这位法兰西学院院士的破锣嗓子。加缪在同一时期写道："您应当注

---

〔1〕 Jeanyves Guérin (sous la direction de), *Dictionnaire Albert Camus, op. cit.*, p. 102 et p. 522.
〔2〕 克洛德·莫里亚克是下文的弗朗索瓦·莫里亚克的长子。

意到，有些人的宗教原谅一切冒犯，信教者的确也原谅了，却永远不会忘记。"(《堕落》，第59页）后来他更加严肃地写道："我认为我比他更尊重［基督］，因为我从不自认为可以每周两次在银行家报纸的第一页上表达我的救世主式的痛苦。"(《札记之三》，第29页）加缪给我讲了一件逸事。莫里亚克在一个鸡尾酒会上遇到了达尼埃尔·洛普斯（Daniel Rops）和他的妻子，当时洛普斯的书《耶稣的时代》获得了成功。莫里亚克抚摸着女士奢华的貂皮大衣，（用破锣嗓）喃喃自语道："温柔的耶稣啊！"

莫里亚克开始把写作生涯延伸到了新闻业（某种形式的创意枯竭），他同时在《费加罗报》和《快报》上发表了他著名的札记，或许他想通过这种方式与加缪竞争。"这位西西弗没有滚动他的巨石。他爬到了山顶，从那里纵身一跃，一头扎进了海里。"[1]这位法兰西学院的院士如是"善意地"描述着他年轻的同行。

那次见面我们还提到当天《快报》封面上登的加缪的照片，当时流行的是大尺寸的黑白照，那张照片不是很吸引人。"这就是所谓帮倒忙*。"他笑着和我说。

加缪不会知道，甚至在他离开50年之后，媒体刊登了他的数百张照片，与这张不同的是，几乎所有的照片都惹人注

---

[1] Albert Camus, *Œuvres complètes, op. cit.*, t. 1, p. 1272.

目——俊朗的外表、庄重的气质、有风格的穿着打扮，人们通过这些照片推测作家本人的高贵气质与智慧。他有一张明星般的面孔，而这张面孔大大提高了他的知名度。要知道，人们或许永远都不知道莎士比亚的微笑和柏拉图眼睛的颜色。

我们在利普啤酒馆时，有位侍者来到长桌前替一位顾客给加缪传口信。侍者指了指坐在几张桌子之外的一个年轻人，这个人认出了作家，向他表达了倾慕之情，并请求加入我们。侍者在一旁等着回复。"但是我这儿还有朋友呢。"加缪提出了反对，在征询了我的意见后，他最终答应了。（还有什么其他选择呢？）

年轻人过来和我们同坐。这是一位突尼斯来的大学生。他在学习法律，希望成为一名律师。多亏了孟戴斯－弗朗斯（Mendès France），突尼斯才刚刚走向独立[1]。

是否因为可悲的苏伊士运河战争（1956年11月）？我们很快聊到以色列问题。这位学生严肃甚至有些兴奋地宣称，如果以色列和阿拉伯国家发生冲突，他就准备回国，并承诺要加入阿拉伯兄弟一方参加战斗*。

与反以色列的抨击相比，加缪对潜在的反犹主义更排斥

---

[1] 孟戴斯－弗朗斯就任法国总理期间（1954—1955），持反殖民主义立场，成功解决了与越南的冲突，缓和了与突尼斯的矛盾。——编注

（当时的巴以冲突还没有达到今天的程度），可以从他的言论中感觉到：可以为了突尼斯独立而战斗，希望反对犹太人的行动能够结束*！"像突尼斯这样的一个新国家仍然需要律师，但是像这样的律师已经够多了！相反，它还需要工程师、技术人员、教师、农学家、建筑师。"加缪大声疾呼*。

我陪他一起离开啤酒馆，径直走到了他位于女士大街的公寓门前。

戏剧修道院

我总是尽我所能地参加加缪的戏剧工作。我参加了《误会》在马图林剧院的排演[1]。但是因为太年轻,我错过了《卡里古拉》[2]的创作,只能远远地目睹1948年《戒严》的失败[3]。

那次轰动的失败给我和他都带来了痛苦。啊,那些无知的人们恶意地向"说教者"报复。爱尔莎·特里奥莱(Elsa Triolet)尤其卖力,"加缪在《戒严》里首先要阐述的真相,或者说是行政墙的真相,比如堆积如山的行政文件,库特林[4]

---

[1] 1944年6月该剧在马图林剧院上演,由马塞尔·埃朗德(Marcel Herrand)导演。我把《戒严》和《阿斯图里亚斯的反抗》编入了《前沿》杂志中"加缪专刊",第4013期,1968年。
[2] 1945年9月26日《卡里古拉》在埃贝尔托剧场上演,年轻的杰拉·菲利普饰演疯狂的皇帝这一角色。
[3] 1948年《戒严》由玛德莱娜·雷诺—让-路易·巴洛剧团安排在玛丽尼剧场上演。
[4] 法国戏剧家。

（Courteline）已经表现过很多了，只是他没有引发如此病态的大吵大闹"。

那些年我尤为难过，因为我梦想有一个合唱团剧院可以用自己的方式借鉴希腊模式。几年以后，让·维拉尔（Jean Vilar）在国家人民剧院重排了《戒严》。事后看来，当时这部剧显然找到了合适的观众，它仅仅是被让-路易·巴洛（Jean-Louis Barrault）、马里尼（Marigny）这类"资产阶级"观众拒绝。出演这部剧的是一支梦之队（玛利亚·卡萨雷斯［Maria Casarès］、让-路易·巴洛与玛德莱娜·雷诺［Madeleine Renaud］、皮埃尔·布拉瑟［Pierre Brasseur］演对手戏）。

此外，与加缪式的荒谬完全无关的"荒谬戏剧"蠢蠢欲动。责怪加缪"没有为戏剧带来革命性的变化"并没有什么意义，事实上现在还是这样。加缪自始至终都是反对《等待戈多》（创作于1953年）的，他的作品致力于把贝克特剧中的负面东西变成积极的东西。1963年，同样是由玛德莱娜·雷诺参演的《噢，美丽的日子》大获成功，从某种意义上来说，这是对《戒严》的失败的回应。

1954年，我决定离开巴黎，在那里我一直很难找到通往戏剧的道路。我曾投奔阿尔贝·加缪，他总是慷慨、友善、全身心地帮助我。如今我意识到，当时我是他众多的"寄生体"之一，这耗去了他很多时间。"为了满足一切，如今我需要三倍的寿命和好几个心脏。"他在《札记之三》中写道。三个月后，加缪给了我两个建议。

第一个是去阿尔及尔与亨利·科尔德罗（Henri Cordreaux）一起工作（我对此人一无所知）。他是"国家戏剧"的教师之一，"国家戏剧"是由国家青年与体育部设立的机构，为戏剧地方化做了很多努力。（顺便指出，在这个边缘机构，大众教育已经完全被体育运动侵蚀。）有了这个头衔，科尔德罗用简易的方法进行开创性的工作并推出了有质量的演出，经常是采用木偶剧的形式，无论是在穷乡僻壤还是在阿尔及尔。科尔德罗请求加缪将《风暴》改写成一部适合五个演员的戏剧，以便其戏剧团队演出该剧。加缪还有其他的计划，只有很少的时间投入这项工作，他建议我替他（当时的我只是胡乱创作了一些随笔）做这件事，并建议我动身去阿尔及尔和科尔德罗一起工作。

第二个建议是去斯特拉斯堡。1954年6月加缪在埃贝尔托剧场观看了东方戏剧中心排演的《海鸥》，该剧由苏利亚·玛奇朵（Suria Magito）导演，米歇尔·圣-丹尼斯（Michel Saint-Denis）监制[1]。东方戏剧中心要在夏天从科尔马迁移到斯特拉斯堡，如果赶得及，还可以跟踪新的喜剧院的建设。由于这项额外的差事，圣-丹尼斯在寻找一个助手。加缪在我面前对圣-丹尼斯大加赞赏（我对他完全不了解），赞赏他与雅克·高博

---

[1] 我想起这部未能成功的戏剧，还有米歇尔·圣-丹尼斯在《演木偶戏的人》（*Le Montrar de marionnettes*, Fayard, 2002）中的形象；可参看评注3，第125-126页。

（Jacques Copeau）之间的传承关系，赞赏他在伦敦时领导老维克剧院获得的名望——他在那里与劳伦斯·奥利弗（Laurence Olivier）以及很多伟大的英国演员合作过。

我看过《海鸥》，因此我选择了去斯特拉斯堡。在那里，我受到了圣-丹尼斯的热情接待，这都得感谢加缪的推荐（一个冒险的赌注），加缪曾给圣-丹尼斯写过信[1]，告诉他我很想学习戏剧，他给我安排什么样的职位都可以；加缪还强调我在写作方面很有天赋，只是不知道如何表达。

由于我很焦急，加缪在去度假前再次给圣-丹尼斯写了一封信，告诉他愿意提供更多有关我的信息。直到9月份我才得到回复。在此之前，7月6日，加缪还给我写了一封信，说他的提议暂时仍未被采纳，但是让我不要丧失希望。

1954年10月15日，我到了斯特拉斯堡。对我来说，一种崭新的生活开始了，随之而来的是对戏剧地方化的冒险尝试。

离开之前我去见了加缪，向他保证我会尽我所能。"我知道我在那里有一个朋友。"他严肃地和我说。由于我负责阅读书稿，几个月之后我收到维托尔德·冈布罗维茨（Witold Gombrowicz）的《婚礼》的唯一一份打字稿（此时还是复写纸时代，尚没有复印机），需要我阅读。我立刻开始专心阅读该剧

---

[1] 1954年7月21日，阿尔贝·加缪致米歇尔·圣-丹尼斯的信，阿尔贝·加缪文献中心。

本，其他什么都不做，但根本没看懂。我对加缪坦陈了自己的困惑。在我还没把它交给米歇尔·圣-丹尼斯审读之前，加缪向我要了这份珍贵的副本，让萨莎·皮托夫（Sacha Pitoëff）先读一读。1965年，该剧最终在雷卡米埃剧场上演，由乔治·拉维里（Jorge Lavelli）导演。出乎意料的是，当我作为观众，而不再是审读者时，他们的话语变得明确了，演技和导演都达到完美。我不明白为什么十年前我会有那么多的困难。

那个冬天，我路过巴黎为我们的节目收集材料，大概是在皇家宫殿花园遇到了加缪？当时，我在去国家图书馆的路上，他步履匆匆地走向另一个方向，双手插在风衣口袋里，腰带紧束，衣领竖起，看上去显然是在自言自语。他从一个简朴的旅馆出来，他的传记作家赫伯特·洛特曼曾经提到过这些旅馆。他和他的"祸水"中的某一位在旅馆里过了夜？这个谜一直未解开。

两年后，也就是1955—1956年的演出季，达尼埃尔·勒沃格勒在斯特拉斯堡导演了《正义者》，很富于悲剧的情感表达基调以及古典主义的严肃性。剧团非常希望加缪来到圣玛丽欧米讷山谷，率先参加其中一场的演出，当时斯特拉斯堡喜剧院仍在施工。但是巡演正值1956年严冬（运河冻结、燃油匮乏、锅炉爆炸等等），加缪没来，他收听了来自欧洲一号的无线电转播的演出实况（不同的时代，不同的习惯），节目不停地被广告打断。他对演出持保留态度，并托我帮他隐瞒。他不希望干扰别人，因为这些事并没有那么重要*。

但是他看中了弗朗斯瓦·达鲁（François Dalou，卡利亚耶夫［Ivan Kaliayev］的扮演者），此人后来在《修女安魂曲》[1]中饰演了一个小角色（彼得）。上一个演出季，加缪在同样的条件下收听了阿奴伊（Anouilh）的《野人》。他曾经被玛勒卡·里博斯卡（Malka Ribowska）的演技和声音吸引。这是一个历经磨难的女演员，与另两位女演员玛利亚·卡萨雷斯、卡特琳娜·塞勒（Catherine Sellers）有着相似的家庭背景。谈及卡特琳娜·塞勒，加缪写道："我喜欢这张忧虑而委屈的小脸蛋，有时很悲情，但总是美丽的。"（《札记之三》，第 104 页）

我从未见过加缪自己表演。在《演木偶戏的人》中我提到了这件事，与《海鸥》有关。"加缪会是一个很棒的特里果林[2]（Trigorine），他本人有一段优雅但又充满讽刺的婚姻，又是另一只海鸥的情人。"简单地说，剧团出发去参加昂热艺术节前的一个下午，我在勒普雷加特兰参加了洛佩·德·维加（Lope de Vega）的《奥尔梅多骑士》的露天排演。加缪坐在草地上，旁边是他的一对双胞胎。他不时地站起来给一些指示，然后又坐回我身边继续聊天。我惊异于这样的无拘无束，与圣－丹尼斯

---

〔1〕 阿尔贝·加缪将威廉·福克纳的书改编成了法语版，1956—1957 年演出季在马图林上演。——译注
〔2〕 契诃夫戏剧《海鸥》中的人物，是一位作家。《海鸥》中的女主人公宁娜被隐喻为不惧磨难的顽强的海鸥。——译注

排练时制造出的专注,甚至近乎宗教般的氛围完全不同。皮埃尔·布朗夏尔(Pierre Blanchar,在1959年的《附魔者》[1]中参与过演出)认为加缪既给演员留有充分的自由,同时又能把握戏剧的结构和演出的节奏。

"缺席者的请求:这出戏(这里指《附魔者》)应该以烟火开始,以火焰喷射器继续,以火灾结束。所以,请不要忘记,是消防员点燃了所有的火焰。"[2]这是加缪写给巡回演出的演员们的短笺,是一种比喻式的指示而非命令。

在斯特拉斯堡,我创办了一本有关戏剧的小杂志,提供给关注我们的人和我们的"联络人"(在小城市有时甚至是村庄接待剧团的志愿者)。因此这份季度性简报的第一期发表的就是加缪的一篇美文——他对剧团的友谊和忠诚的象征。这是1959年5月12日加缪为电视节目《特写》撰写的一篇文章,成为加缪介入戏剧的经典表述,题为:"我为什么从事戏剧?""剧院就是我的修道院。世界的动荡纷扰终结于围墙脚下和这神圣的内宇。一群摆脱尘世的僧侣,两个月的时间只思考一件事情,只为那唯一的目标:准备好祭品,在某个晚上第一次举行祭礼。"

这是加缪作为"团队领导"的自白:"相比我的知识分子兄

---

[1] 加缪改编并导演了陀思妥耶夫斯基的小说,在安东尼剧场上演(1959年演出季)。——译注

[2] Morvan Lebesque, *Camus par lui-même*, Le Seuil, coll. « écrivains de toujours », 1963.

弟们，我更喜欢与戏剧人打交道。众所周知，知识分子几乎都不太可爱，而且他们做不到相互友爱。当然这不是唯一的理由。相反，在戏剧舞台上，我很自然（也就是说不用考虑我是或不是他们中的一员），我只需要分享共同行动的烦恼和快乐。我想这就是我人生最快乐的事情之一。"

1957年，米歇尔·圣-丹尼斯的第一批学员结束了三年的"修道院"生活，开始忙于早先的几个演出季。他们开始在露天流动剧院演出。保罗·伽旦关心的是，那地方是不是风景极美？这段经历虽然艰苦，学员们却彼此友爱。这一乡村剧团从布维莱县（下莱茵省）的查鲁旅馆来到普朗谢莱米纳（上索恩省）的节日广场大厅。我当时也是组织者之一，某种意义上说也是剧作家。接下来，我按照加缪的方式加入了阿尔及尔的劳动剧团。依据普希金版本的译本，加缪策划并参演了《唐璜》中的角色，他"身着琥珀色的燕尾服，袖口和衣襟处都饰有花边"[1]；劳动剧团变成了团队剧团，字幕上打着"戏剧研究"的字样，低调中又透着（加缪式的）高傲，他在神秘的帕多瓦尼渔场执导了《卡拉马佐夫兄弟》和《被缚的普罗米修斯》。那里的场景让我浮想联翩，离渔场不远的海边小木屋，历经世事变迁仍然幸存。

---

[1] Albert Camus, *Œuvres complètes, op. cit.*, t. 1, p. 1437.

加缪在远处支持着我们的冒险。接受国家津贴的剧院，以及更多的地区剧院如今已经走进了我们的生活。人们无法想象，它曾经遭到巴黎精英分子的鄙视（尤其是雅克·埃贝尔托[1][Jacques Hébertot]）。很难想象剧团当时是多么拮据，它又是如何历经十年才深深地改变了法国文化的景象，甚至以失去灵魂为代价。对我来说，这是一个难得且奇迹般（第二个奇迹）的机会，能够从文化、政治上介入转变社会的行动，且远离政党和意识形态，既没有妥协也没有私人的目的。

我当时还不知道自己参与加缪的团队剧院能到何种程度，他后悔阿尔及尔没有一个"当地剧院"，并表示："戏剧自然而然地呈现了简单而又炽烈的伟大感情，围绕着它们的是人类的命运（并且只围绕这些情感）：爱情、欲望、野心、宗教。"[2]

是否确如柏拉图所说：命运是轮回的？正巧我在斯特拉斯堡的学校和流动剧院遇到了阿历克斯·罗梅洛（Alix Romero）。她来自阿尔及尔，曾经在那里参加过亨利·科尔德罗的培训。后来她在斯特拉斯堡参演了《被缚的普罗米修斯》和《四川好人》（加缪好像打算在巴黎的剧院上演这部戏，也就是由他计划管理的那家剧院）。我没有去阿尔及尔，但阿尔及尔向我走来了。

---

[1] 法国戏剧导演，诗人，记者。1940年，埃贝尔托接管了艺术剧院，将其改名为埃贝尔托剧院，当时吸引了很多伟大的作家和演员。——译注

[2] Albert Camus, Œuvres complètes, op. cit., t.1, p. 814.

加缪在一封长信（1959年6月15日）里以极为欢快的口吻问候我，这也标志着我们友谊的升温。我没有把这封信公开，那是因为我当时爱上了一个阿尔及尔的姑娘。我应该感到很幸福，而不是以此为耻，因为阿尔及尔女孩有着无限的生命力。只要人们感到幸福，他可以不用写作就活得很好。加缪坚持问候我的女朋友，也是他的同胞，尽管他并不认识她，并且提醒我不要忘了他经常引用的戈宾诺的格言："在生活中，有爱情，还有工作，其他一切都不值一提。"

　　《正义者》里，可怕的斯切潘（Stepan）却说："有了组织，其他一切都不值一提。"

插曲 2

关于国家人民剧院

"加缪先生,玛利亚小姐的电话!"我听到瑞士老板娘的声音再次在金山羊的楼梯口响起。大概几次电话之后,有一次我问加缪是否要和让·维拉尔合作(在我看来,他们是天生的一对)。"我嘛,我当然很想。我正在等他的建议。"我们知道,这个建议一直没有来[1]。

加缪去世后,维拉尔在国家人民剧院为"制片人加缪"出的专号(1960年3月)中对其表示了敬意。他也看过《修女安魂曲》(演出了近百场)。他想起有一次在克洛岱尔(Claudel)

---

[1] 这与《阿尔贝·加缪字典》里写的不同,那里面把不能合作的责任归结给了加缪("维拉尔"词条)。

的《城市》(维拉尔策划,玛利亚·卡萨雷斯主演)的彩排中,加缪向他保证这类戏会得到大众的积极响应,尽管文本有点难度。而对于其他的,则是沉默。过去对《卡里古拉》的争议一直以来都很有影响。

实际上,1945年维拉尔要排演《卡里古拉》时,他刚刚成功地导演了斯特宁伯格(Strindberg)的《死亡之舞》。当时,维拉尔和很多导演一样(如让-路易·巴洛写的《戒严》脚本继而由加缪改编),也渴望成为作家。他还想出演卡里古拉,但没有成功。事实上,《卡里古拉》这出戏与让·维拉尔未来的美学理念相去甚远。剧院是带阳台的红色精致建筑。经理是一个想入非非、吝啬又宽厚的同性恋者,并且厚颜无耻地以自己的名字命名了这出戏。不久后,埃贝尔托几乎是公开发誓:他是戏剧地方化的敌对者。加缪在《札记之三》(第130页)中说:"在海底的洞穴中,有一头巨大的白鲸,用牙齿进行过滤,只吃一种叫作'作者'(吉罗杜[Giraudoux]、科克托[Cocteau]和加缪本人)的美味浮游生物。"[1]

计划的失败让维拉尔很痛苦:"我一直认为加缪是一个擅长写作的道德家,他理解痛苦,理解人民的处境,同时又有一点小坏。只有一个人能够不曲解角色,演好卡里古拉,那就

---

[1] 白鲸吃东西的时候把海水和食物同时吸进嘴里,然后用牙齿过滤,只剩食物。这三位剧作家都是白鲸口中叫作"作者"的美味浮游生物,他们重新创作了受现代思想启发的古代题材神话。——译注

是我。"[1]事态出现了奇怪的反转。让－皮埃尔·若里斯（Jean-Pierre Jorris）在 1949 年的第一次阿维尼翁艺术节中就已经首度饰演熙德，但后来被年轻的杰拉·菲利普（Gérard Philipe）取代。菲利普在 25 岁时塑造了极度狂妄的皇帝一角，并且在成为《郁金香方方》的主要演员和让·维拉尔的国家人民剧院的领军人物之前，就已经是同代演员中的名角。然而在若里斯与菲利普之间，加缪还是选择了若里斯出演他的《卡里古拉》。若里斯是一个天才演员，却很挑剔。我曾经问过加缪他们之间的关系如何，一直没得到回答。

加缪和维拉尔（通过夏尔·杜兰［Charles Dullin］）加入了由雅克·高博创立的老科隆毕耶剧院，续写着剧院的传统。加缪在他的《札记之一》（第 236 页）中引用高博的话："伟大的年代，不要到办公室里寻找戏剧诗人。他在剧场里，和演员们在一起。他是演员兼导演。""我们不属于伟大的年代。"这句话写于 1942 年 9 月。十年后，迎来了国家人民剧院的辉煌年代。如今我们很难理解当时发生的政治和文化的冲击：团队剧团一开始只是在郊区的一些（不出名的）剧场演出，然后来到了夏约和阿维尼翁，它体现的风格、对戏剧用途的新理解以及与刻板传统的断绝，是整整一代人的梦想和希望。

维拉尔—加缪—卡萨雷斯，无论怎样排序，这几个名字都

---

[1] 让·维拉尔写给妻子的书信，*Cahiers Jean Vilar* n° 112, mars 2012, p. 84。

是我们那一代的"神圣的三位一体"。维拉尔无论从道德上还是政治上都与加缪如此接近，却固执地将加缪排斥在国家人民剧院之外，这实在是一个不可原谅的错误（他更喜欢亨利·皮谢特[1][Henri Pichette]）。伟大的维拉尔没有再扮演加缪，伟大的高博也没有再扮演过克洛岱尔[2]。

作家、诗人、小说家以及剧作家的传统正在消逝。从此以后我们只能欣赏这令人呼吸困难的名单。

那几年，卡萨雷斯—加缪这对搭档尽管低调，但是戏剧业余爱好者们都认为他们的关系是新型男女关系的理想模式，他们之间的感情体现为多方面的协调统一：尊重、自由、才华、行事作风的不妥协（西班牙共和党的阴影已经抛诸脑后）、激情、优雅、魅力和美貌，他们还都是唐璜式的人物。当然，他们也是知耻的。

　　　　朵拉（卡萨雷斯）：那我呢，你深情地爱我吗？
　　　　卡利亚耶夫（加缪）：永远不会有人比我更爱你。
　　　　朵拉（卡萨雷斯）：我知道。但是，跟大家一样爱不是

---

[1] 1949年《主显节》之后，亨利·皮谢特的《努克莱阿》又于1952年在国家人民剧院上演，由杰拉·菲利普领衔主演。
[2] 维拉尔没有再出演过加缪剧作中的角色。高博曾导演过《克洛岱尔》，并在戏中扮演了一个角色。——译注

更好吗?

　　卡利亚耶夫(加缪):我不是随便的人!

　　她笑了,像哭了一般。

(《正义者,第二幕》)

　　这是整整一代青年都梦想拥有的[1]。

---

[1] 关于玛利亚·卡萨雷斯,见第4条评注("伟大的玛利亚"),第127页。

《堕落》

我曾经对《堕落》很失望。50年后我重读了这个1956年出版的故事，仍然感觉不太舒服。这与我对加缪的预期不一样——他是唯一的我期待能帮助我开辟人生道路（正如人们所说）和照亮我前进道路的作家。我希望能看清楚自己与其他人的关系、与社会的关系，努力实现一个共同的未来。总之，我希望有超出虚构的、积极的言论或信息，而不是这种消极的自虐。消极被随处转卖，它还会继续在所有橱窗里出现。

很显然这种期望惹恼了加缪。他没有意识到，他的公众形象让他树敌的同时，也为他带来了很多对他期待甚高的读者，比如我。他决定用《堕落》打破这个形象——"被迫用道德的外衣掩饰自己生活的一部分"（《札记之三》，第106页）——他取得了巨大的成功，虽然与我无关，但是那种激情或者喜悦仍然让我不舒服。这篇副标题为"叙述"而非"小说"的独白与他的朋友、《战斗报》的前辈——让·布罗赫-米歇尔的一篇叙述有异曲同工之处，这篇叙述收录在1948年的"希望"丛书中。《证人》与《堕落》有同样的笔调：叙述者的朋友溺水身亡，而叙述者却没有施以援手。在前言里，叙述者这样为自己辩护："正巧我不再需要您的尊重。让您看看我配不上您的尊重……"这完全就是让-巴蒂斯特·克拉芒斯的腔调，让人想起陀思妥耶夫斯基的《地下室手记》里面狂热的控诉。《札记之三》（第217页）中曾引用过陀思妥耶夫斯基的话："初获成功后……我的声誉受到了质疑，我不知道这样的折磨要持续到什么时候。"他无法再忍受贴在他身上的"凡间圣人"的标签，因为这与他错综复杂的私生活不符（这难道不是所有人的共同命运吗？）。读《堕落》的时候，我发现加缪身上忧郁的一面，我揣测他对他人的关注源于他内心的冷漠，他或许从中获得了自由，正如《第一人》里所说："我身上有一种可怕的空虚感，一种让我不舒服的冷漠。"他在这篇未完的叙述后有一些极有趣的注释（第329页）："有文化，爱运动，放荡，孤僻，可以是最好的朋友，凶恶，忠贞不渝，等等，等等。"他将这些称为他矛盾的肖像，"他想表现得平庸一些，走出去跳跳舞，聊聊天，与大家有一样的兴趣。但是这只会让所有人局促不安。在他不变的表情下，人们又臆想了一些他所没有的思想或者忧虑"（《札记之三》，第181页）。

他在《堕落》中犀利地塑造了这一形象。这让1956年时的我极感困扰，并且一直困扰着我。虽然他在阿姆斯特丹只待了48个小时，但他对阿姆斯特丹的成功呈现表明，作家的眼睛在很大程度上与记者的眼睛不相上下，有时甚至可与摄影师的眼睛媲美。

阿姆斯特丹是一个港口，与阳光灿烂的阿尔及尔完全不同。这本书本该叫作"呐喊""示众处刑""我们时代的清教徒""镜子"或"日程"[1]，它用伦勃朗的明暗手法描绘了加缪的自画像，即使他到处声明他并非克拉芒斯的原型。札记中的许多注释与《堕落》中的一些"招供"不谋而合，不难看出作者暗藏的忏悔，当然还有若有若无的加缪式的讽刺。

有名、年轻、受女人喜爱、处于知识分子群体的中心（不仅因为他的权力，也因为与他相关的流言蜚语），这是人们对这位伽利玛和圣日耳曼德普雷的记者[2]的评价。在我看来，加缪的公众形象和私人生活之间有着些许矛盾：他有唐璜式的性格，不能放弃冒险，哪怕只有十分钟，"只要他确定那只不过是昙花一现罢了"（《堕落》，第89页）——这就是克拉芒斯所谓的"他生命中有罪的那部分"。另一方面，他自认为是"美好的灵魂"，是这一代人的道德良知，人们应该用他的作品以及作品之外的东西来回答社会以及正在发生巨变的世界提出的无数问题：

---

[1] Albert Camus et René Char, *Correspondance, 1946-1959*, Gallimard, 2007, p. 143.
[2] 指加缪。——译注

"我想……消除我的好名声,这些恭维让我怒从中来"……"有人彬彬有礼地对我说'像您这样的人',我却脸色煞白。"(《堕落》,第109页)因为他清楚地了解自己身体的虚弱和内心的冷漠——他通常表示这种冷漠是保护自己免受一些恶意攻击(往往是来自陌生人)的方式,是一种强烈的孤独感(体育、新闻、戏剧是治疗的手段),这些都是他在漫长的创作瓶颈期经历的困难,他必须消除这些困难,他知道自己正为朋友们和敌人们所期待……实际上,他有一些"让驴子发狂"(《堕落》,第93页)的特性,他试图摧毁那个掩盖了真实一面的假的加缪,他迫使自己改变这一切。加缪在他最后一本札记(《札记之三》,第250页)中写道:"有时我也自责不能去爱别人。"总之,他也想改变自己长久以来局外人式的冷漠。这与玛利亚·卡萨雷斯说出的令人震惊的证词相反。加缪去世前不久,她最后一次见到他时,加缪问她:"你能想象我们分离的时刻会到来吗?"然后他就泪流不止。当他重新开口时,他说:"我无法相信。"[1]

1954年末或者是1955年初,加缪在《第一人》初稿的页边写下一句话:"一切皆因我天生成不了一名资产阶级或者说一名快乐的资产阶级。我生活中的安稳时刻,哪怕再短暂也让我恐惧。"(《札记之三》,第150页)这是一种他为自己的反抗进行辩护的方式,虽不能当众表达,却是对成功强加给他的(错误

---

[1] Herbert R. Lottman, *Albert Camus, op. cit.*, p. 665.

的)道德形象的反抗,还有对虚伪的反抗。他认为,虚伪简直是一种桎梏。每个人都能从这一结论中得出一个真相:"首先,不可告人的事情总是相对的,其次,在我们知道的所有事情中,不可告人的事情才是人们最清楚的。"[1]

但是,让-巴蒂斯特·克拉芒斯以及文章里隐藏的绝望,都是对我所认识的加缪的歪曲。诚然,我还年轻,但是我会用眼睛看,我用全副身心观察他的面庞,聆听他的只言片语,感受他的呼吸。卡布里的加缪和《堕落》里的加缪,这两个加缪之间出现了裂痕,也许是福克纳给出了答案:"为了让事情简化,(年轻作家)用自己作为标准,他把自己装扮成他以为的那种人,或许是他期望的那种人,又或许是他厌恶的那种人。"[2]福克纳与加缪相距如此遥远但又如此贴近。

在我看来,加缪的真实形象是决定摆脱克拉芒斯,摆脱自己身上令人讨厌的地方。他在《札记之三》(第208页)中写道:"既然人们不理解,看看对《堕落》的一种评论:是对现代态度的表现和嘲讽,是世俗面对罪恶的过度而奇怪的悔恨。"

《第一人》(第343页)里的这几句话总是让我想到西蒙娜·薇伊:"不要以道德的名义放弃自我。正相反,要接受内心的地狱。想要完美的人应该更爱自我,除非那个人放弃了他

---

[1] 阿尔贝·加缪,"应该有一个名字",in *Œuvres complètes, op. cit.*, t. 3, p. 1152。
[2] William Faulkner, Cours de littérature, 20 février 1957, in *Faulkner à l'Université, op. cit.*, p. 38.

的现状、放弃了自我,接受世俗的安排以及后果。因此,应该与世俗强加给他的一切搏斗。通过内心的淳朴重新找回希腊人或俄国人的伟大的真实的自我。别怕。什么也别怕。但谁来助我?"

插曲 3

讨厌的巴黎

加缪的公寓在女士大街,我只去过一次。当时应该是 1954 年的夏天,我可能正准备出发去阿尔及利亚。洒满阳光的公寓特别明亮,没有装饰,几乎就是毛坯,只有金色的地板打了蜡,至少在我的印象中是这样。

即使在这间几乎没有家具的房间里,加缪也依然保持着庄重,他拒绝放荡不羁和衣冠不整,这可以从他的穿着看出来,他身着领诺贝尔奖时穿的那件合身的燕尾服——对形式的关注也是他写作的优点之一。(写给《现代》杂志的那封著名的信《经理先生》让萨特气得跳了起来。)

窗户右边靠墙的角落有一个书架,这样写字的时候可以不受手的阴影的影响,加缪能够站着(用派克笔)写。我尝试了一下,但没有成功,我只能坐着写!

放荡不羁的伽利埃罗不无羡慕地说,也许还有点指责:加缪在巴黎有一所很棒的公寓。他还说:他(加缪)妻子弗朗西娜·弗尔的祖父是一个企业家,在奥兰建了许多公寓。1942年加缪正是在其中一所公寓里完成了《鼠疫》的主要部分。这对年轻夫妇之间存在着社会等级的差别,弗朗西娜将加缪介绍给家人时这种差别表现得尤为明显:"他让我告诉你们,他身体不佳,没有钱,没有工作,还没有离婚,而且热爱自由。"[1]

那天在巴黎,阿尔及尔青年与体育部的负责人,也就是弗朗西娜·弗尔的姐姐克里斯蒂安(Christiane)介绍了弗尔一家。亨利·科尔德罗和团队剧团给我的临时任务需要资金支持时,还得依靠他们的帮助。我要独自一人乘船去一座陌生的城市,怀揣着希望去出演《暴风雨》,而我还只是一个卑微的学徒。我想,加缪被我的踌躇和焦虑逗乐了。

加缪时常重复马可·奥勒留的这句话:"无论在哪里,只要能生存,就能活得很好。"(《札记之一》,第252页)然而这显然与他对巴黎生活的抨击矛盾。

与很多害怕住在北方地区的地中海人一样——在法国,北方是指波尔多—格勒诺布尔这条线以北——加缪不停地贬低这些城市,尤其是巴黎,尽管在那里可以见到有益的雨水、光线

---

[1] Abdelkader Djemaï, *Camus à Oran*, Michalon, 1995, p. 43.

与天空的精巧变化，但是在他眼里，巴黎只剩下圣日耳曼德普雷、唠叨不休的家伙和横行无忌的媒体人。他和勒内·夏尔的通信恰是对这一点的讽刺。他没见过奈瓦尔描绘的法兰西岛（Ile-de-France）的美丽风景、平民特色的街区、咖啡馆、巴黎市场。"在《巴黎晚报》能感受到整个巴黎的心脏，感受这里女店员的下贱想法。虽然阁楼变成了堂皇大厦，但是人的心灵没有改变，已经腐烂了。"（《札记之一》，第212页）他还不了解他的自由主义的冲动。（加缪是法国光复的直接见证人。）从1848到1944年，经历了旨在为自由而反抗的巴黎公社运动，巴黎人民如同今天的郊区民众一般，展示了他们在历史中某些时刻的社会活力——比吕贝隆的人民还要强烈（如果吕贝隆还有人民存在的话！）[1]。

加缪喜欢普罗旺斯，这会令他想起阿尔及利亚。（相比之下）他喜欢卢尔马兰的隐居生活，在那里，他"可以整天不说话"，安静地写作。然而这一切又是极度矛盾的，因为他还是众多的幸运者之一，可以住在女士大街，在塞巴斯蒂安—博丹街工作（这里已变成加斯东—伽利玛出版社的社址），他可以在蒙塔朗贝尔酒吧或利普啤酒馆见朋友，或是躲到距马提尼翁馆几步之遥的夏纳莱耶街写作（并和他的情人们约会），这里是圣日

---

[1] 吕贝隆是法国的一个小镇，这里在特定的历史时期曾被用作某些人的避难所：16世纪被天主教派追捕的伏多瓦教派人士，拿破仑时代逃避兵役的人，以及"二战"期间抵抗运动的成员。其战略作用在19世纪减弱。——译注

耳曼美丽的街区,我写给他的信都是寄往那里,而他也认为那里是隐秘之处。

然而在时代的空气里一定是有些东西致使当时的巴黎令人难以忍受,我不断重复那些我写给加缪的絮叨的旧话。最近我又读了那些信,80年过去了,这仿佛是来自另一个世界的信号。

唐璜与浮士德

有些人比其他人更有吸引力。

阿尔贝·加缪,《札记之三》

"为什么爱得少才爱得深呢?"西西弗故作无辜地询问[1]。加缪爱过很多人。和我在一起时,他总是在这一话题上有所保留:他不是一个喜欢吹嘘自己艳遇的人,也许是因为我们之间有距离。他往往会对联系两个情人的道德契约产生疑问。这种困惑与宗教伦理是否有关系?或许是因为加缪明显置身所有宗教之外——"我对天主教有一种疏离感"[2],这是他反复强调的。

他对教会表示怀疑,甚至持仇视态度,但他对福音书以及耶稣这个人物是尊敬的。他在札记中两次提到圣路加(Saint Luc)。1942年时他写过这样一句话(第42页):"当所有人都在说您的好话时,您就要倒霉了。"——这大概是《堕落》的题

---

[1] Albert Camus, *Le Mythe de Sisyphe*, in Roger Quilliot, édition et notes du volume des Essais d'Albert Camus, op. cit., p. 152.
[2] Ibid., p. 598.

铭。1954年12月,又出现了令人惊奇的言论:"从圣路加开始,出现了真正的背叛,这一切令临终的耶稣发出的绝望呐喊声逐渐消失。"(《札记之三》,第147页)

加缪并不信教,他甚至反对彼世以及死而复生之说(然而现在谁还真正相信它?)。加缪对教会在战争和占领期间畏畏缩缩的表现一直很是不齿,而教会本应该是福音派反抗的典范。(尽管如此,庇护十二世,这位寡言的教皇,依然被封为圣人。)

这种保留态度使他开辟了新的神圣之路。对他来说,神圣不是通过教会来体现的,而是表现在其他地方,包括体育运动、斗牛(一种真正的悲剧形式),或戏剧——他选择的几部戏剧恰恰证明了这点。他在其中发现了集体的、神秘的维度:《被缚的普罗米修斯》(阿尔及尔)、《献身十字架》(昂热)、《卡拉马佐夫兄弟》(阿尔及尔)、《附魔者》(巴黎)。

因此,如所有真正的创造者一样,他对"人类的秘密很敏感"(在瑞典的讲话),对女人的秘密同样如此。"所谓爱情,我只知道它是欲望、柔情和聪慧的混合物,它把我与某个人紧密相连。"[1]西西弗曾吐露。这为两个人的关系做了一个美好的定义,但也意味着它的短暂,也许下一刻就会破裂。通常来说这

---

[1] Albert Camus, *Le Mythe de Sisyphe*, in Roger Quilliot, édition et notes du volume des Essais d'Albert Camus, op. cit., p. 155.

很戏剧化，但不是为了让犯错的一方感到愧疚。

一旦犯了错，就要遭受痛苦，然后就要祈求某种形式的原谅（更常见的其实是报复），当然也许未必。加缪几乎不可避免地要经历这一连串的痛苦。尽管如此，"肉体的罪恶"在他看来是无法理解的。"我把害怕享受的人称为傻瓜。"（《蒂巴萨》，"七星文库"，第59页）众所周知，加缪喜欢性事，并且比较频繁，也许这方面比萨特强，如果大家相信比安卡·朗布兰（Bianca Lamblin）私下说的话："萨特野蛮、粗暴，对肉体冷淡、笨拙，喜欢卖弄学问，长期以来，这些对我来说是我性满足的桎梏。"[1]

说到男人对女人的责任，还有女人对男人的责任、责任的承担和解除、恋爱关系中的背叛与谎言，加缪对这些都处理得很细腻，既不会表现得没有教养，也不会显得不通世故。在这点上他比米歇尔·翁弗雷更像个"犹太基督教徒"[2]。例如，加缪曾经提到过帕斯卡（Pascal）的句子："迷失在滥情中比精神的偏颇更为可怕。"（《札记之三》，第66页）

他与弗朗西娜·加缪结合的悲剧——由于战争导致的分居，他（公开）的不忠，他妻子的抑郁症，他拒绝离婚的态度——严重地打乱了他的生活，并导致他度过了一段抑郁的时光。

---

[1] Bianca Lamblin, *Mémoires d'une jeune fille dérangée*, Balland, 1993, p. 53.
[2] 犹太基督教徒是指接受耶稣为以色列弥塞亚的犹太人。——译注

1957年9月他在写给让·格勒尼埃的信中也提到这一点:"为了更好地工作,我离开了南方,被剥夺了快乐,没有什么值得我做的事情。我已失去勇气,以至于我都不敢在自己面前放一张白纸。难道我不应该放下一切,放弃这种徒劳的努力吗?"[1]《鼠疫》和《堕落》以及札记中这种情绪或多或少有所缓和。他有"罪"吗?也许他认识且承认(私下或半公开半私下地)了错误,并希望得到原谅,也许已经和解,至少是有所缓和。

或许没有。如何对爱过他的女人们承担责任?加缪原本非常想通过一出戏来表达这样一个主题,这部戏写的是德·莱皮纳斯(de Lespinasse)小姐与两个人的爱恋关系,但是最终没有完成。"我的朋友,我爱你,就好像理应如此,我爱得深沉,爱得疯狂,让你感知到这令人绝望的爱。"[2]她写道。她的信在加缪看来是最美的情书*。

在他眼里,男女之间对爱情的承诺是一种坚定的承诺,是必须承担责任的承诺,无论要付出怎样的代价*。"通奸罪是对背叛之人的控诉,但是,没有判决。或者更确切地说,要永远承受控诉才是最令人难堪的判决。"(《札记之三》,第87页)他认为,没有负罪感就没有爱,这与他关于快乐的说法又是矛盾的。他为每个人总结了一个结论:如果一个人决定爱了,他就

---

[1] Albert Camus et René Char, *Correspondance, op. cit.*, p. 162.
[2] Mademoiselle de Lespinasse, Lettre XX (1773), in *Lettres,* Garnier, 1925.

要承担起爱情的重负，并考虑到不可估计的后果。

这部剧的计划让我很吃惊，在我看来，18世纪的法国离他很远。当然他对和这个女人处于同样境况这件事情也感到了不舒服。"她以为她可以同时维持两段感情。她允许这样的关系存在，但是当吉贝尔告诉她他也有两个情人时，她不同意了。"（《札记之三》，第175页）1774年，她写了封信给她的情人，这是第28封信。"只有您以及我的痛苦是我活在这个世界上的理由。在这个世界上我没有爱好，没有社交，没有朋友，我也不需要他们。爱着您，看着您，抑或离开人世，这是我灵魂最后的也是唯一的愿望。"

但是也许通过福克纳的作品，加缪可以更好地表达犯错与懊悔的主题，尽管是间接地。在我看过的所有加缪的戏剧演出中，《修女安魂曲》是舞台效果最成功的一部。卡特琳娜·塞勒在其中扮演了一个令人印象深刻的角色，这个角色本该属于卡萨雷斯的。塔吉娅娜·穆金娜（Tatiana Moukhine）饰演了一个做作的老女人，这是一个"危险但神圣的"人物。她在舞台上穿着加缪的"鲍嘉式风衣"——因为私人剧院资金不足。加缪在巴黎的创作从未收过一分钱补贴。

除了剧本的安排，冉森教派般严肃的布景完美地贴合这部戏。剧名是继福克纳的《圣殿》之后又一个神奇的名字，这原本是一部对话体小说。在加缪改编的法语版中，仍然能感受到福克纳式的严肃(加缪明显修改了最后一个场景)和福克纳式的窒息感(用加缪的话说是要"拼命喘息")。这部有关救赎的小说描写了错综复杂的关系和"美好的地狱",它被认为是希腊式悲剧的复兴,在里面能听到基督徒的共鸣。

这出戏是在1956年阿尔及利亚危机最严重的时候策划的。正如福克纳其他作品所描述的场景,黑人团体和白人团体之间的对立在美国南部地区尤为强烈,"白人永远无法理解黑人,因为白人的行为就是迫使黑人一直是黑人,而不是成为另一种人"[1],福克纳解释道。准确地说,《修女安魂曲》创作于1956年9月30日,"牛奶吧"被炸后十天。加缪难道是要用这种诗意的方式表现这一令他震惊的惨剧?没有说教,只有极致的痛苦在舞台上直接呈现出来。

我打算在这里回忆一下福克纳提出的文学创作与上帝之间关系的观点:"我认为,任何一部作品如果缺少了某些上帝的概念就没有了价值。对于上帝,您想怎么称呼就怎么称呼……"对我来说,这就是加缪和萨特的区别、萨特和普鲁斯特的区别、萨特和司汤达的区别。萨特不欢迎上帝。

加缪探讨了福克纳奇怪的宗教信仰,否定了信教的所有可能性——"人们会看到,如果我翻译并导演了一出希腊悲剧,

---

[1] William Faulkner, *Faulkner à l'Université, op. cit.*, p. 219 et 168.

没有人会问我是否相信宙斯"[1]。

然而，在《正义者》里（里面的主人公有"沉浸于宗教的灵魂"），警察局长在监狱的那场著名的戏里宣称："未经思想考虑过的，就是谋杀，当然还包括其结果。我想说的是悔恨与惩罚。"

经过很长时间的无神论熏陶和一次天主教教育后，我就错误和原谅的主题，写信给加缪，承认了我的错误。1956年11月28日加缪回复了我，他赞成我对《修女安魂曲》的感受——他的天性带有悲剧色彩和对宗教的虔信，但并非原罪（这与他看待所有事物时持有的尼采式观点相排斥）。他祝贺我能够意识到自己的错误。

"《修女安魂曲》大获成功（共超过600场演出），"1956年9月他写信告诉勒内·夏尔，"这让我们所有人都很惊喜，包括演员以及我自己。总之我很乐于展示这份喜悦。这真是一个美丽而神秘的职业。"[2]成功使人振奋。

唐璜和浮士德，加缪想把这两个人物融合进未来的作品中，但是他没能写成。"唐璜-浮士德"是一个令人惊奇的人物形

---

[1] Albert Camus, Avant-Propos à Requiem in *Théatre, récits, nouvelles, op. cit.*, p. 1860.
[2] Albert Camus et René Char, *Correspondance, op. cit.*, p. 151. 关于这出剧鲜有负面评价，比较典型的评价来自伯纳德·多特（Bernard Dort），他的评价与罗兰·巴特（Roland Barthes）和布莱希特式的严谨戏剧理论相似，他认为这一"静止的情节剧"是"对人类的怀疑，对当下社会的信赖"。(*Dictionnaire Albert Camus, op. cit.*, p. 888.)

象，他拥有诱惑力和创造力，他被赋予了爱嘲笑的唐璜所具有的经验、快乐和痛苦，加缪的读者只能辨出一些对比强烈的轮廓。年轻的西西弗已经开始有所怀疑——"若只要爱就行了，事情未免太简单了"。

"仇恨和血腥的王国"

1949 年，我参与了埃贝尔托剧院上演的《正义者》（卡萨雷斯、雷贾尼[Reggiani]、布盖[Bouquet]……多么棒的阵容！）的幕后工作。接下来我几乎把剧本背下来了；1955—1956 年的冬天一直被恶劣的天气"统治"着，东方剧院的达尼埃尔·勒沃格勒一共策划了 50 场演出，从圣玛丽欧米讷到迪耶于兹和凡尔登，从尼尔旺日到博朗特吕。除了恶劣的寒冷天气，同样糟糕的还有阿尔及利亚的一系列"事件"已经转变成了人民（阿尔及利亚人民）和在印度支那战败的军队之间的公开对抗，军队想要复仇，年轻的入伍青年被不知不觉地卷了进去。每天都会有更多的人流血、更多的野蛮事件，到处都是战斗，以及随之而来的恐怖镇压，尤其是在阿尔及尔腹地的奥雷斯山区。

《正义者》第五幕的最后一个场景：朵拉得知她爱的卡利亚

耶夫（她叫他"雅奈克"）将被沙皇的刽子手处决。

朵拉——啊！好恐怖的一声响！只需要这可怕的一声响就恢复了童年的欢乐。你们还记得他的笑容吧。他经常没有理由地笑了。他还那么年轻！他现在应该笑才是。他应该脸伏在地上笑……

"这一小群迷失在苏联大众中的男男女女一个紧接着一个，在没有准备的时候选择了执行者这一职业。"加缪在该剧的前言里如是说。没有人（包括加缪在内）预测到，这部剧如同一个几何图形，随着时间的推移逐渐占据了加缪作品的中心位置。这部剧是多么有预见性！

加缪的先见之明和通达事理——他对让-保罗·萨特和弗朗西斯·让松的报复让人们至今都很惊讶——不是因为他有未卜先知的天赋，而是在于其坚如花岗岩的信念，即无论在怎样的环境，无论有怎样的借口，都不能放弃这一基本原则（当然或多或少也很容易妥协，会有例外、顾虑等等）：任何目的都不可以成为一个无辜者死亡的理由。这是这部戏的主题，他受到俄国社会革命党的启发，创作了剧中的几个人物。主要人物有：伊万·卡利亚耶夫，作者保留了主人公真实的名字；朵拉·布里昂（Dora Brillant），制造炸弹的年轻女子；波里斯·萨文科夫（Boris Savinkov），小组负责人，被判处死刑，随后获得赦免，

1926年从莫斯科监狱里的窗户跳下自杀,如果不这样,他也会被扔出去[1]。现实中,大公夫人(她曾到监狱里见过凶手)和沙皇一家于1918年被刺杀。后来她被俄罗斯东正教会封为圣人。

1949年,这部剧的创作正值"冷战"期间,人们认为争论有点不切实际,具有说教性质。历史很快证明文学(诗歌)创作走在了现实的前面。《正义者》上演之后不到十年,在加缪的家乡,阿尔及利亚民族解放阵线和法国反对阿尔及利亚独立的军事化地下组织之间的谋杀和反谋杀行动突然爆发,当时法国军队正在进行"扫荡"和对犯人施用酷刑[2]。此时距盖世太保输掉战争还不到十五年。

令人恐惧的严峻形势已经难以缓和(好像是《奥瑞斯提亚》中的一连串悲剧),除了独立运动,阿尔及尔还面临着一连串的暴力事件。"尸体堆里冒出的腐烂尸体是谁?这些水沟里如工业垃圾一样从一条河漂到另一条河的残缺尸体又是谁?"[3] 布阿莱姆·桑萨尔(Boualem Sansal)在2009年问道。"一连串的镇压与谋杀,估计只有到人们厌倦时才能结束。"1950年加缪在《反

---

[1] 萨文科夫返回苏联(由政治警察契卡操纵)时吸引了当时伟大作家米·布尔加科夫的注意力,布尔加科夫是《大师和玛格丽特》的作者。如卡利亚耶夫这样的"完美恐怖分子"是"上帝的创造物,一手画十字一手扔炸弹",相关的记忆在普京时代一直流传,长存于"寻找丢失的俄罗斯"的年青一代的心中。读加缪的书并非一无是处。(Natalia Koutchareva, *Un train nommé Russie*, Actes Sud, 2009, p. 28 et 67.)
[2] 见"保罗·泰让致戴高乐将军的信",第173页。
[3] *Le Monde*, 30 mai 2009.

抗者》的"克制的凶手"那一章里写下这句话。

> 兄弟们,原谅我,我没能做到。——发生了什么?——在大公的马车里有孩子。

卡利亚耶夫,这个"克制的凶手",因为预料之外的孩子而放弃了投掷炸弹!对于如今的杀手们(哎呀,还有女杀手们)来讲这真是一个可笑的理由。

谁能料到恐怖主义的手段、野心、疯狂——一部分历经半个世纪以色列—巴勒斯坦的矛盾冲突,一部分继承了纳粹主义和极权主义——今天仍在全球范围发展,并且因为种族狂热和宗教狂热而更加激化?

1956年,《正义者》在东方剧院再度上演。加缪在为演出撰写的注释中明确坚持:"我只想表明该行动本身有局限性。只有认识到自身的局限性才是好的、正确的行动,如果必须克服恐惧,那么至少要接受死亡的可能性。当今世界呈现一副令人厌恶的嘴脸,正因为它是由那些自以为有权力跨越这些局限的人所建立的,他们首先选择的是杀戮他人,自己却不用付出任何代价。因此,如今的正义变成了'一切为了正义'的凶手的借口。"[1]

这部按传统方式构建的完整五幕剧清晰地提出了一个悲剧

---

[1] Albert Camus, *Théatre, récits, nouvelles, op. cit.*, p. 82.

性的原则（一命抵一命）。"没有语言、没有风格就不是戏剧。"他（嘲笑左派）说。与高乃依式的简明有力的对白相呼应的是句与句之间的碰撞。不需要强调，加缪和他的观众们就会听到一个低沉的声音一直在说：这些年轻的革命家的牺牲是无用的，他们的愿望是"让孩子们不要再遭受虐待"。

与视听节目固定不变的效果不同，戏剧的魅力和永恒在于它的可塑性，它能够无限地适应生活，首先就在于其形式。比如1950年《正义者》的舞台设计，当时搭建了一座有门有窗的公寓，而2010年该剧在科里纳剧院上演时，演员斯塔尼斯拉·诺尔黛（Stanislas Nordey）是在一个实际上什么也没有的广阔舞台上表演，但戏剧效果并未因此减损，它仍然表达了所有的悲剧意味。

政治环境当然会变化，甚至会反转，就像半个世纪前的阿尔及利亚。加缪写下的那些永恒的文字，就像是他来到今时今日所写。同样的还有西班牙哲学家费尔南多·萨瓦特尔（Fernando Savater）转述过的一件事，他说"巴斯克祖国与自由"（ETA）[1]与自由党的恐怖分子们反对1980年《正义者》由一群业余人士在巴斯克演出，因为对于"有人利用自己的妻子和孩子杀死自己党派里的一个人"这个问题[2]，剧本和加缪的回

---

[1] 西班牙巴斯克民族分裂组织。——译注
[2] 《正义者》中的卡利亚耶夫要暗杀莫斯科大公，但是看到孩子和妇人在场，为了不伤及无辜，他就没有扔出炸弹，他认为不应为了达到目的不择［转下页］

答都是"否"[1]。

1956年1月22日,当东方剧院的客车正在迪耶于兹县和沙托萨兰区之间结冰的道路上艰难前行时,加缪来到了阿尔及尔。在历经各种波折之后(尤其是极端分子印刷了一批假邀请函),他与几位"法国和阿尔及利亚的朋友们"在卡斯巴附近的进步俱乐部里,首次参加了所谓的全民休战大会。室外,由民族解放阵线安排的1200名年轻的阿拉伯人围成厚厚的人墙,法属阿尔及利亚的极端分子叫嚣着"把加缪绑在柱子上!"。在他们中间,是共和国保安警察和巡警。室内,加缪会见了未来的临时政府总统费尔哈特·阿巴斯(Fehrat Abbas)后,面对上千名听众,咬紧牙关发表了停战呼吁:"我唯一有资格讲的一点是,我曾经亲历过阿尔及利亚的不幸,如同我个人的悲剧,我也从未对任何一起死亡怀有不敬的情感,无论是怎样的死因。"[2]在一片混乱中,他仍然没有停止这发自内心的呼唤:"我深爱着这片生我的土地,我为它竭尽了我的所能,我从未与同样在这里成长的朋友们中断过友谊,无论他们是什么种族……对我来说它仍然是幸福的土地,是力量和有创造力的土地。"

[接上页]手段。当正义的目的与正义的手段两者之间出现了矛盾,加缪不赞成以正义为由将暴力合法化。——译注

[1] Fernando Savater in *Albert Camus, la pensée révoltée, Philosophie magazine*, hors-série, 2013.

[2] Albert Camus, «Appel pour une trêve civile», in *Essais, op. cit.*, édition de Roger Quilliot, p. 991-999.

局势愈发紧张，石头砸向玻璃，加缪缩短了他的讲话。"背叛的黑脚"[1]首先担心血腥的冲突[2]。

在亲历了法属阿尔及利亚极端分子的暴行后，加缪返回巴黎，去马提尼翁拜访了时任议会会长的居伊·摩勒[3]（Guy Mollet）。摩勒由昙花一现的共和阵线推选出来，是为了去阿尔及利亚完成和解任务，好比孟戴斯-弗朗斯早前在突尼斯的成功经历。加缪提醒他，如果去阿尔及尔，就要守护住人们对他的期待。居伊·摩勒，这位共济会成员和社会党人在几天之后就去了那里，"他被扔了西红柿，他哭哭啼啼地说他是国家抚养的孤儿*"，加缪讽刺道，他对我毫不掩饰对这位共和国背弃者的厌恶之情。

1956年1月10日，穆鲁德·斐拉文（1962年3月11日，即埃维昂洽谈前夕，他在比阿尔被阿尔及利亚军事化地下组织谋杀）在他的日记[4]中审慎地总结了这一难以解决的问题："法国议会会长向阿尔及利亚的穆斯林承诺给他们一直想要但总是希望落空的东西，然后他又向阿尔及利亚的法国人承诺给他们

---

[1] 19世纪30年代，法国入侵阿尔及利亚，之后派遣大批移民到阿尔及利亚。之后在法国历次政潮、革命中失意的人也纷纷涌到阿尔及利亚来开辟新生活，这些移民被称为"黑脚"（Pieds-Noirs）。——编注
[2] Yves Courrière, *La Guerre d'Algérie, 1957-1962*, t. 2., Fayard, 2001, p. 62.
[3] 1956年，居伊·摩勒与皮埃尔·孟戴斯-弗朗斯一起领导中左的共和阵线赢得大选的胜利，同年任法国总理。——编注
[4] Mouloud Feraoun, *Journal, 1955-1962*, Le Seuil, 2001, p. 180.

一直拥有但是如今害怕失去的东西。"

1956年1月22日，加缪也表达了同样的意思，却是有条件的："不能要求我们对所有的民族主义都赞同，除了法国的民族主义；不能要求我们对所有的罪孽都宽恕，除了法国的罪孽。"（《全民休战呼吁》，第998页）阿尔贝·加缪正处于"另一边"的边界。正是在那里，他产生了孤独感，他看到"欧洲"共同体被极端分子和一小撮叛逆者推搡，阿拉伯团体被民族解放阵线中最不肯妥协的首领带走（这里很难斟酌词句，因为其承载的全是痛苦和鲜血）。

1956年3月17日，加缪给我写了一封信，这是我们所有通信中最让我感动的一封。他用寥寥数语概括了阿尔及利亚的情况，这是他一生中经历的最严重的事件。尽管有两本书（《堕落》和《流亡与王国》）正在印刷，但他对任何事情都失去了兴趣，因为他正在失去他的祖国。

在他看来，"盲目的恐怖主义"（另一个无法避免的口头禅）打击的不是那些无名氏，而是他的家人。如1956年9月发生在伊斯里大街（如今是拉比－本－米希迪街）"牛奶吧"里的血腥袭击事件，是由一个年轻女子制造的，后来她和另两名同伙被认定为"中学生"。

我看过弗罗芒坦中学初级班的一张照片：39个女孩，面对着镜头，看上去很乖巧；她们中间有四个或五个"阿尔及利亚女孩"，萨米亚·拉克达里（Samia Lakhdari）在一群人中间面目模糊。她们都是寄宿生。她们的爸爸会在周一早晨开车把她们送到学校门口——那是一条两边种满橙树和桉树的林荫路，从那里可以俯瞰港口。她们摘去面纱，下车径直走到上课的教学楼下面。她们应该都是好学生，但不太引人注目。

事实上，当她们在9月30日的星期日离开卡斯巴后，她们就成为大学生了，她们蒙着面纱，传统服装掩盖的是欧式的裙子[1]。到了下午，贾米拉·布希莱德（Djamila Bouhired）、萨米亚·拉克达里和左赫拉·德里夫（Zohra Drif）分别把布包里暗藏的炸弹放在了不同的地点，都是"欧洲青年"从沙滩返回后常去的地方。贾米拉·布希莱德（之后被逮捕并受到拷问）把炸弹放在了毛里塔尼亚大厦，那里有法航的办公室，结果，炸弹并没有爆炸。（尽管如此她依然被判以死刑。韦尔热斯为其辩护，几年后她获得恩典赦免，与韦尔热斯结了婚。）左赫拉·德里夫特地把她的炸弹定时在了18时30分引爆，也就是在她离开之后炸弹才在"牛奶吧"里爆炸，共造成4人身亡，12人受重伤，其中一个小女孩只有5岁（腿部被截肢），另一个女孩10岁（手臂被截肢）[2]。

同一时间，萨米亚·拉克达里的炸弹在学校对面的米什莱大街咖啡厅爆炸，造成同样的惨状。左赫拉·德里夫的一只眼

---

[1] Yves Courrière, *La Guerre d'Algérie. Le Temps des léopards*, Livre de poche, 1975, p. 451.
[2] Danielle Michel-Chich, *Lettre à Zohra D.*, Flammarion, 2012

睛受损，在一个"黑脚"医生的照料下，转移到了法国，逃避了暴力和酷刑。之后她在独立后的阿尔及利亚开始了美好的政治生涯（作为参议员）。

西蒙娜·薇伊向她的学生解释道："你们要知道，所有失败的谋杀都被定义为犯罪，但也有很多，一旦成功了，就会在以后被追授荣誉。"[1] 2013年2月24日，我在巴黎的路特西亚酒店——1945年5月，同样是在这里接待了来自集中营的第一批幸存者——证实了这一言论。我来这里听了达尼埃勒·米歇尔-齐克（Danielle Michel-Chich）的演讲，57年前她曾经在"牛奶吧"袭击事件中受伤并被截去了一条腿，在很长时间内她的身上都留着上百个炸弹碎片（还有木屑、玻璃碴等）的伤痕。

当时正值阿尔及利亚独立51周年，人们举办了纪念活动。达尼埃勒·米歇尔-齐克在马赛的克里耶剧院大厅质问与其他官员一同来到现场的阿尔及利亚女参议员左赫拉·德里夫。德里夫拒绝回答她的问题。20多个来自马格里布[2]的妇女很欢迎她，她们试图去触摸她的裙子，因为她被看作"革命的象征"。

1945年5月23日，加缪写道："正义将把阿尔及利亚从仇

---

[1] Simone Weil, *Leçons de philosophie. Roanne 1933-1934*, Plon, 1995, p. 176.
[2] 指非洲西北部地区的国家，包括突尼斯、摩洛哥、阿尔及利亚等国。——编注

恨中拯救。"[1]

不公平和压迫引发了一连串严峻的过激事件（埃斯库罗斯或荷马式的），也就是说独立后报复性的破坏和谋杀等恐怖活动依然持续了很长时间。众所周知，这一连串的事件都是由恐怖主义和反恐怖主义所引起的，每一次反击都会导致更多的受害者，再经过恶意的辩证，受害者又变成了刽子手。

后来，亚瑟夫·萨阿迪[2]（Yacef Saadi）曾经向她们提问，当时这三个"本可以被视为欧洲人"的女孩是否也曾踌躇过？

> 斯切潘——如果两个孩子的性命就令你们止步不前，这是因为你们不相信自己的权利。你们不相信革命。
>
> 卡利亚耶夫——……从你的话里我读出了一种专制主义，它一旦确立，就会把我变成一个杀人凶手，而我却努力做一个伸张正义的人。
>
> 斯切潘——无论你是不是伸张正义的人，只要正义得以实现就行，即使是由杀人凶手实现的。

（《正义者》，第二幕）

---

[1] 为阿尔及利亚写的七篇系列文章中的倒数第二篇，1945年5月13日到6月15日，阿尔贝·加缪发表于《战斗报》；in Albert Camus, *Œuvres complètes*, t. 2, p. 617.
[2] 阿尔及尔人，作家，电影制片人，阿尔及利亚民族解放阵线的一分子。——译注

在那些聚集在"牛奶吧"的欧洲大学生中,有一个美术学院的女生,她也失去了一条腿。作为共产主义的同情者,她曾一度被怀疑是爆炸案的始作俑者。

公平地说,这些由亚瑟夫·萨阿迪"协调"的恐怖活动与几个星期之前,也就是1956年8月10日在底比斯大街的宫殿里,受法属阿尔及利亚的极端分子们(警察)唆使的恐怖活动如出一辙:两所房屋被塑性炸药炸毁,77个死者中还有很多儿童。同样应该说说阿西娅·杰巴尔(Assia Djebar)提到的这些"点火物的载体"——"需要思考的是,这些带着炸弹的女人,当她们走出闺阁,她们的身体在家门口爆炸,也攻击了其他身体。难道她们是偶然选择了这种最直接的表达方式?她们从胸部掏出炸弹,这些手榴弹炸毁了她们和其他所有人……她们中的一些人被发现在私处遭受过电刑,并被施以剥皮的酷刑"[1](1979年2月)。

"这两张严肃的小脸啊,就在我手中,这可怕的分量。要往他们身上投啊。就是这样。直接投出去。哦!不行。我做不到。"卡利亚耶夫在第二幕中大声喊叫。

---

[1] Assia Djebar, *Femmes d' Alger dans leur appartement* [2002], Le Livre de poche, 2004, p. 188.

插曲 4

> 这世界上有一种力量与死亡和节制共存，
> 即强大的说服力，人们称之为文化。
>
> 阿尔贝·加缪，《札记之三》，第 202 页

一个新的神话

我所认识的加缪信奉一种"古典悲剧"的美学，而这是否符合作家的真性情？福楼拜是否也是如此？从最初的《圣安东尼的诱惑》到如今被认为是他的代表作的《书信集》，到《包法利夫人》，福楼拜都赋予了作品抒情性、自发性和生动性。

对于古典美，加缪曾认为是必要的，但他随后试图突破它。按照陀思妥耶夫斯基和福克纳的观点，这种形式可以保证作品的持久性，但是不能真正确定其传奇性。现代文学里罕有作品能够超越纯粹的文学成为世界级的神话，《鼠疫》就是其中之一，类似的作品还有加缪很喜欢的《白鲸》。不仅仅是因为如布莱希特在《阿杜拉·乌依》最后一场所断言的那样："肚子

里依然会生出卑劣的事情"[1]，也不仅仅是因为黑褐色的鼠疫会散布性地出现在这里或那里，更是因为它完全体现了现实的变化和本质，而这恰恰是神话的特点。这种极权主义式的鼠疫之后，又增加了卫生瘟疫（艾滋）以及如同今日日本所发生的核能瘟疫。

"2011年3月11日14时46分（当地时间），我正在离福岛500公里的公寓里看我写的有关《局外人》的书的校样，我明显感到公寓在震动。"灾难让平治美野"立即想到了《鼠疫》的主人公里厄说的一句话：'重要的是干好自己的分内事'"[2]。几天后，竹森春庆写道，他在地震之后重读了《鼠疫》，他深信加缪是唯一可以完整展现日本正在经历的重大悲剧的作家。他修改了《鼠疫》里的一句话，在灾难中，"愚蠢总是占上风"。他承认被加缪的敏锐折服，"书的结尾处'也许有一天人们会再次面临不幸，鼠疫会唤醒它的鼠群，让它们葬身于一座幸福的城市'[3]，这让如今的日本人在感到核辐射恐怖的同时，又增加了对鼠疫这类疾病的恐怖"。

---

[1] Bertolt Brecht, *La Résistible Ascension d'Arturo Ui, in Théatre complet*, t. VII, L'Arche, 1959, p. 222.
[2] Hirashi Mino, in *Albert Camus, la pensée révoltée, op. cit.*, p. 98-99.
[3] Albert Camus, *La Peste*, in *Théatre, récits, nouvelles, op. cit.*, p. 1472.

7号国道[1]

> 当我老去的时候，希望我有机会重回这条锡耶纳的小路，没有比这更好的事了。我也希望死后埋在那里的墓穴，周围是我热爱的意大利人，他们虽然陌生，却充满善意。
>
> 阿尔贝·加缪，《札记之三》，第80页

尽可能真实地重现过去的记忆是一个危险的尝试，更困难的是，还要展现加缪希望写、梦想写的内容。我们在一起讨论过数次这个话题，直到我得知另一位作家也在酝酿一部关于伟大的阿尔贝·加缪的作品时，我被说服了，加缪也知道这件事。

1956年，是转折性的一年。在读了《堕落》之后，我自负地给加缪写了一封信，表示期待他的不同的作品。他很冷静，并没有因为我的失望感到生气。我当然是错的，《堕落》很受欢迎，而且被认为是他最出色的作品之一。但是我的信促进了我们之间的交流，加缪谈论起他自己的文学创作——师父和徒弟之间展开了一段奇妙的关系，徒弟直到快50岁时才开始发现属

---

[1] 指加缪发生车祸的现场。——编注

于自己的风格,那时候师父已经去世了。

加缪日常的生活方式也逐渐影响了我的生活。这是一种作家的生活方式,也许是所有艺术家的生活方式——完成了一天的工作后,虽然有点心不在焉,但仍期待着第二天继续。这种期待是幸福的。头脑接受一切外来影响,产生创造力,它甚至变成了生命中最强烈的幸福之一(痛苦的事情是第二天醒来还要面对平庸的结果,却无能为力),它有助于耐心地承受一切*。

他还认为,与带有浪漫的想象相反,所有创造性的工作都要求严格的作息时间*:"在固定的时间连续工作,没有倦怠,等等,等等(也就是道德的禁欲)。"(《札记之一》,第193页)此外,小说"创造了一个奇迹,可以让我们不用把自己和盘托出"(《札记之一》,第69页)。

但是写作的幸福与灵感突然闪现,与由此产生的神秘喜悦相比就不算什么了。远离了其他任何事情,通过阅读、见面、文章、话语,一个闪亮的想法以一种始料未及的方式突然出现,智慧的光芒划过脑海,作品的灵感乍现,一切想象都变得清晰明朗,然后,就该浇筑混凝土了,也就是说开始在纸上涂写,把空白填满,这才是最枯燥乏味的*。

关于混凝土的隐喻很生动,加缪认为一部小说或者一出戏剧就好比一座桥,作品可以通过它从起点通往终点*。

"我把我的堤坝建得太高了*。"有一天他直率地跟我承认。

玛利亚·卡萨雷斯曾对奥克塔维奥·帕斯(Octavio Paz)

说，他（加缪）是一头受伤的雄狮[1]，他体内存在着一个狂野的世界，严肃的外表、幽默感，还有他和众人之间保持的距离都会影响他的表达。他计划写一本书，以期探索"可怕的激情之屋"（《札记之二》，第327页），但是他没有时间写，而他发现与之最相近的例子可以在伟大的俄国人的书中找到，尤其是陀思妥耶夫斯基塑造的那些扭曲的人物，其《附魔者》已经与之接近了。加缪正在写属于自己的《卡拉马佐夫兄弟》。他改动《附魔者》里的一句话，为我写了一句快乐的题词："这些附魔者，在等待其他人。敬礼致兄弟情谊。"也许这表明他正在计划另一本书，与俄国人的杰作没有明显关系，但与他心中的恶魔、对内心深渊的探究、对赎罪的欲望或期待有关——也许一个新的格鲁申卡[2]即将出现。总之他要解答威廉·福克纳提出的问题："塑造一个真实可信、有血有肉的人物，同时（这是我强调的）还能传递信息，或许这一切是有可能的，但我认为任何一个作家都不可能做到两者兼得。"[3]

加缪一生最可靠的见证人罗歇·格勒尼埃，聊起加缪的愿望是："有一天可以写出《战争与和平》。"[4]这也证明加缪的梦想是创作一部宏伟的作品，比他当时已写出的作品都要丰满——"这

---

[1] *Le Monde*, « Spécial Camus », janvier 2010.
[2]《卡拉马佐夫兄弟》中的人物。——编注
[3] William Faulkner, *William Faulkner à l' Université, op. cit.*, p. 61.
[4] Roger Grenier, *Albert Camus, soleil et ombre*, Gallimard, 1987.

部作品可以重现一些有血有肉、有生命的人。我很孤独,我的人生只有阴影和只属于我的作品"(《札记之三》,第42页)。

《第一人》标志着对《鼠疫》或者《正义者》的突破。加缪在里面传达了他内心最隐私的秘密,有关他童年的苦难——"紧紧地粘在灵魂上的强力胶",他在第一本札记的第一页里如是说(1935)。后来他又反思:"如果我幼年时不曾经历过这些,我将会是怎样的人。"(《札记之二》,第137页)有一些神秘的关联支配着这一切,正如西蒙娜·薇伊对她母亲说,这是"超自然的"。在我看来,加缪正是从这里开始"拆除他的堤坝"。

这证实了皮埃尔·艾尔巴尔在卡布里说的话(加缪在场吗?),他认为一个作家的才华可与蓄水池相比:首先要把它填满,也就是说要让它得以维持;只有当水满的时候,作家才能打开水龙头,让积蓄已久的水流出来。沉淀很久的结果便是作品 *。

在加缪之前,我已经完成了一次"希腊之旅"。我反复阅读了一些悲剧作品,并在斯特拉斯堡为科克托的《安提戈涅》写序幕。我在其中发现了节制的概念,我始终认为它能调整我们的生活和我们的社会(并赋予意义)。

应该赋予节制的概念新的内容(这项工作有待完成)。关于这个问题,我和加缪谈论过数次(遗憾的是我没有做笔记)。加缪把这种要征服的平衡称为复仇。荷尔德林(Hölderlin)把复仇定义为"夜之女","与其说因为她激发了恐惧,不如说是因为她的神秘起源"。他补充道:"征服会引起复仇,但是复仇如果没有节制就会变成新的征服,从而陷入复仇的恶性循环。这是一切无原则的复仇的必然命运。"[1]在西西弗式的循环之后,加缪考虑围绕与爱情有关的"复仇女神"展开新的创作。这或许与凝聚了加缪所有政治理想的美妙形式相符合(这种理想能够陪伴我们一直到21世纪该多好):"对抗的反面不是革命,而是创造。所有的革命,如果不能带来富有创造力的深刻人生,都是反动的。"[2]

值得反思的是:为什么加缪如此期待、整整这代人都在准备的复兴会失败?为什么诗歌会离开我们的舞台和书店?为什么所有的官方橱窗里都在展示那些享受津贴的平庸之作?为什么我们会对失业、贫困、疯狂的不法收益无动于衷?为什么不公平现象一直没有减少?

"朋友和我说,在我们的国家,我被看作极左人士。其实我并没有变化,但是在我眼中,我的国家正在以不可思议的步伐向右发展。"[3]克里斯塔·沃尔夫在《天使之城》里如是说。不仅仅是国家,整个社会都是如此,都承受着信息网络(虚假宣

---

[1] Hölderlin, « Sur le concept de chatiment », *Œuvres*, Gallimard, coll. «Bibliothèque de la Pléiade», 1967, p. 280.
[2] Albert Camus, « Sur le théatre », *Œuvres complètes, op. cit.*, t. 3, p. 1135.
[3] Christa Wolf, *Ville des Anges, op. cit.*, p. 259.

传）的影响。

加缪在的《札记之三》（第 71 页）中对人道主义进行了一番阐述："有几个人，无论在他们生前或是身后，我都非常爱他们。我钦佩甚至是嫉妒他们，但渴望保存或保护他们已经做或即将做的事情，也许在我不能预见的某一天，他们将成为最优秀的。"在我看来，这恰凸显了他的为人。整整七年，加缪一直给予我支持和关心。这么多年过去了，在一切没有消失、记忆尚清醒之际，我试图探索深埋于心底的记忆，因为这是我最珍贵的回忆。

我希望写下我们在卡布里时交流的主要内容，以及直到他去世前我们断断续续的联系。

恰逢圣诞假期。我从巴黎回到斯特拉斯堡，那天是 1960 年 1 月 6 日。在车站，火车即将出发，我在车厢里，我对面的人正摊开着读《法国晚报》。我看到整个版面通栏用加粗字体写着：

阿尔贝·加缪去世[1]

这场意外死亡[2]对我来说是个沉重的打击。不仅仅是因为

---

[1] Roger Grenier, dans *Album Camus, iconographie commentée* (Gallimard, coll. « Bibliothèque de la Pléiade », 1982).
[2] 1960 年 1 月 4 日，加缪在一场车祸中死亡，享年 47 岁。——编注

会对我的职业生涯产生影响（如果他活着，我的职业生涯当然会是另外的境遇——我差点成为《奥尔梅多骑士》在昂热艺术节的制片人——这是我一生的遗憾！），更是因为我失去了一位朋友，一位老师，一位我仰慕的作家——一个我爱的人。生活中很少有这样的感情，甜蜜而又炽烈，保持距离，无利益关系（或者是很少）。有关加缪的一切至今仍然触及我内心敏感的区域，令我极度痛苦。

2010年1月，加缪逝世50周年之际，报纸、报刊亭、墙上都是他的脸，这让我难以忍受，好像不管到哪里，我每时每刻都会遇到我爱的但是已经消失的女人的脸。"莫里哀不得不死，我们只能承受。"他在《札记之二》（第87页）中写道。加缪不得不死，我们只能承受。

1960年1月4日，我即将32岁。我被不幸之箭射中。

荒　诞

空虚正看着我们的眼睛。

威廉·卡洛斯·威廉斯

他过早达到了荣誉的顶峰。
他的成功
世界性的成功和与之相对的批判
皆由他而起
还有那波伏娃式的暴力与恶毒，
二十卷
戏剧，叙述，随笔，皆可证明
他的才华，
他的笔下满是阳光的味道
却有点生硬。
我把我的堤坝筑得过高，
他承认，
夜晚在利普啤酒馆伺机等候

一位迷人的女子，

他清亮的眼睛闪烁着

陀思妥耶夫斯基式的狂热，

极度的狂热和黑色的闪电

卡尔德隆[1]般的。

是的，他看到她了，这部待完成的作品

而另一个，

已经写完的，只不过是个开始，

随心所欲。

但是他知道，在这个欧洲

这令人失望的欧洲

城市的灵魂恰似

废墟，

被跳动的火焰照亮

虚无缥缈，

他的愿望即为他的动力，即使

生命

在死亡和沙漠之外，

仍有

---

[1] 西班牙剧作家、诗人佩德罗·卡尔德隆·德·拉·巴尔卡（Pedro Calderón de la Barca），其作品具有巴洛克特色。——译注

这绿色的源泉，却遥不可及，

他听到

他苦难的童年

在阳光下

疾病与生存，饥饿与排斥，

奇迹

出现，他们的低吟和他们的呼喊，

反抗抑或

沉默，他谦卑的心灵

还有他的肺

生命中的每个小时都在提醒他

身体的疾病。

他把火车票留在了

他的上衣口袋里，

他坐上车，为了回家

卢尔马兰的家

获得诺贝尔奖奖金后，

在豪华的织女星跑车里

他睁着眼睛，他坐着的

正是死神的位置。

他原以为的起点

却成了终点,
初稿变成了终稿
没有明天的终稿,
天色渐亮,这片土地
仍待探索,
他预感到
内心深处和身外的世界
蜿蜒曲折,
朦胧不清。
汽车的钢铁发动机
发生撞击
粉碎性撞击
撞在了7号国道的一棵树上
毫无缘由
在维尔纳沃拉居亚尔镇的约讷河畔,
闲适的地名
令人想起钓鱼和退休生活,没有
一滴一滴的血
滴在黑色柏油路上
没有悲伤的守灵。
黑色。结束。电报。
阿尔贝·加缪——死了

一百二十七公里[1]。

诸神站在了虚无一边，
这盲目的一切。
冷酷与虚伪的悲剧，
重又出现。

1960 年 1 月 4 日 /1982 年 7 月

---

[1] 作者 1 月 6 日在巴黎东站看到加缪去世的新闻，巴黎东站离加缪去世的地点桑斯（Sens）约 127 公里。——译注

制片人之夜（2012）

他在回忆里与他相见。

西蒙娜·薇伊，《札记之二》

　　长久以来我想象自己是昂热艺术节的制片人，在中世纪城堡的墙下，加缪就在我身边，雷贾尼和卡萨雷斯站在《献身十字架》这部荒诞的杰作的舞台上，我面前是一个巨大的黑色十字架，这也是唯一的布景。

　　经过一整晚的调整之后，我直到清晨才睡着，十几种声音在脑袋里嗡嗡作响，像很多蜜蜂挤在一个蜂窝里，进进出出的嗡嗡声构成了一首复杂的赋格曲。

　　舞台上的尤莉娅（Julia）着一身黑的骑士装，头发飞扬，整个人陷于不安之中，绝望地呼喊着：

　　——天下所有人都知道我是尤莉娅，来自罪恶种族的尤莉娅。尤莉娅，是所有坏女人中最坏的那个。因为我向公众忏悔了我的罪过，公众将成为我补赎的对象。

聚光灯缓缓地、缓缓地落下，直到周围完全变黑的时候，映出了玛利亚·卡萨雷斯的轮廓。

（电话响了，"加缪先生，玛利亚小姐找您！"。）

年轻的俄罗斯女人被军人们包围着，这些军人都是光头，长长的绿色军大衣敲打着他们的靴子：

——（她颤抖着说道）我好冷，我感觉已经死了……我扔出了一颗炸弹，就在那一瞬间整个生命都消失了。

——太弱了，你的左轮手枪！我诅咒这个玩意。你只开了三枪。杀人的武器应该"砰砰"作响才对！

子弹"砰砰"的响声并没有阻止脑袋开花的阿尔及利亚诗人低声呢喃：

孩子们践踏踩跳
——根茎折断，汁液飞溅——
它们再也结不出麦粒，
品尝不到自由的面包。
他们没什么可以炫耀的
——唯一的抗议武器——
就是他们美丽而莽撞的青春，
还有那固执的希望。

一个女孩的腿以及另外一个女孩的胳膊悬浮空中：

——我怜悯杀人者，我也同情罹难者，在历史的漆黑中，年迈的欧里庇得斯的吟唱声自彼岸传来。

希腊的海岸——在伊利亚特的边缘，这里是西蒙娜·薇伊走过的地方，一个瘦削却充满激情的女人在《伊利亚特》的页边写着："由于令人伤心地缺乏慷慨的努力，征服者的士兵就像自然界的灾祸：他们被战争附体，与变成物件的奴隶相差无二。"

在这里，一切声音都被 AK-47 的枪声、导弹的呼啸声、伤者的喊叫声掩盖。在这个微寒的春天，加缪登上舞台，固定住被风吹得摇晃的十字架。

——可以改变最卑劣的罪犯的恩泽，因过度伤害而引起的救赎……这些都变成了令人熟悉的主题。用"一切皆是恩赐"来回答……无神论者的言论："一切皆不公平。"

话筒里传出一阵强烈的清嗓子的声音。我辨认出是保罗·泰让（Paul Teitgen）以及他无可救药的烟嗓。他自言自语，俯身向前坐在乐池的一个座位上：

——我从未这样厚颜无耻过,再没有力量接受所谓的"过失",尤其是当这些过失只是一个体系的结果,而匿名者才是唯一的责任人。

——我们可以撕碎身体,截去四肢,砍掉头颅。我们可以通过暴力来摧毁灵魂。我们可以炸毁所有的坟墓,但隔着遥远的时空距离总能听到那些声音在反复地祈祷和诉说,不论是男人还是女人,即使是躲在洞穴或是乡村小屋里,也能听到他们的喘息声。

一位来自撒玛利亚的外国苦修士被砍了头,他也是从"另一边"过来旅行的,在村镇上工作和祷告,为了帮助别人,见证这一切。这样一位新的浸礼会教士,沉浸在他的祈祷书中:

——他们还没有找到智慧的声音。这就是他们迷路的原因。而且,正是由于他们没有智慧,他们的愚蠢正令他们加速死亡。

能让一位浸礼会教士噤声吗?这声音来自荒漠的深处,它跨越世纪,穿过海洋,与某个做果蔬生意的突尼斯小商贩的灵魂对话。他自焚了[1]——那场大火照亮了暴风雨来临时的阴暗

---

[1] 2010 年,一个小商贩在街上卖水果为生,结果因为不符合规定,摊〔转下页〕

天空。

一整夜我都难以入睡,疲惫不堪,在一系列喧嚷的梦境中,我于暴风雨的电闪雷鸣之间听到了人们的声音渐行渐远,有愤怒的呐喊,有游行人群的踏步声。昔日暴君们的呜咽声凄惨地消失在下水道中,这一次轮到他们被恐怖的涅墨西斯[1]扼住咽喉。

这是一个清晨。天空飘着轻微的小雨,几乎让人难以察觉,但是路面依然有点滑。加缪裹紧了他的那件名牌风衣。在黎明前的黑暗里,我像闲逛在黑手党港口灰暗码头上的侦探一样,无所畏惧,我相信将会诞生一个全新的世界,这个世界在自由和公平的基础上运行,自由和正义这两个古老的女神永远年轻,她们出现在海浪时而分离、时而聚合的可怕而又亲切的大海之上。

在渔场的支柱上,一个年轻的柏柏尔人用嘶哑的声音唱着:

经历了

遭背叛的格拉纳达

暴风雨将袭。

　　阿尔及尔亦是如此。

[接上页]位物品被没收,这个小商贩一气之下回去自焚了,当时引起了强烈的反响。——译注

[1] 希腊神话中的复仇女神。——编注

夜莺流亡

　　去往那燃烧的天空。

歌唱

　　被诅咒的时间

　　和破碎的回忆。

加缪拥抱了他,继而离开。在旅馆的房间里,他认真地在本子上记下:

——认为灵魂是成形后就赋予我们的,这是错误的。它是在人的一生中形成的。

接着他补充:

——用身体讲述的伟大历史,这就是戏剧。

"黑夜既是黑色的,又是白色的。"诗人如是说。黎明即将来临。只剩下清真寺的穆安津[1]。

2012 年 5 月 1 日

以上梦境在这些作品中有所呈现:《献身十字架》(三幕剧,佩德罗·卡尔德隆·德·拉·巴尔卡,阿尔贝·加缪改编,伽利玛出版社,1953 年,第 169 和第 12 页),《正义者》(第五

---

[1] 伊斯兰教职称谓,意为"宣礼员"。——编注

幕，阿尔贝·加缪，出处同前），《全家的衣物被鲜血洗涤》（塔哈尔·贾乌特，佩莱纳，《樱桃时节》/欧洲，1996年），《伊菲姬尼在陶利德》（欧里庇得斯，伽利玛出版社，"七星文库"，第797页），《作品集》（西蒙娜·薇伊，出处同前，第545页），保罗·泰让与《巴路克书》（第三卷，29—30[1]）。

---

[1]《旧约·巴路克》共六章，这里指第三章的第29—30条。

四个评注

1. 米歇尔·翁弗雷和《自由主义秩序》

米歇尔·翁弗雷对阿尔贝·加缪的研究[1]是一项重大的工作。除了一些零星琐事（比如把维泰兹的事归给了维拉尔），我注意到这项工作重新评价了"知识分子党"对加缪整整半个世纪的攻击，并一再强调了让-保罗·萨特和西蒙娜·德·波伏娃担当的（破坏者的）角色。但是这也把加缪划入了尼采和自由主义的阵营，我认为这一构建既脆弱又过于系统化。七页纸的《蒂巴萨的婚礼》的灵感既来自安德烈·纪德和让·格勒尼埃，也来自热那亚的哲学家，他们都是年轻时的加缪所喜欢的

---

[1] Michel Onfray, *L'Ordre libertaire. La vie philosophique d'Albert Camus*, Flammarion, 2012.

作家。但是首先可以肯定的是,这篇早熟而才华横溢的文章完全是加缪的风格。

此外,《反抗者》中写尼采的那一章是非常清晰的。加缪帮助这位哲学家摆脱了在故世后为纳粹主义所用,他批评尼采"因为更深层的方法,在某一时刻给羞辱权以合法地位"[1]。1951年,他在一篇文章中明确了自己的立场:"尼采身上令人钦佩的地方在于,人们一旦发现他(尼采)的思想有害,就能在他那里找到可以用来修正的东西。"[2]

加缪对自由主义运动一直存有好感(这点我可以证明),因为它饱受诋毁,因为它是"西班牙的"(或者加泰罗尼亚的),但并不是因为他是无政府主义的追随者,这违背了他对节制的尊重[3]。加缪在他的《札记之三》中曾谈到过无政府主义(第84页):"它的特性就是谋杀。"他曾受过非暴力的引诱,但是他谦逊地承认:"应该有一个限度,可现在还没有。"在我眼中,最具争议的是米歇尔·翁弗雷掩盖了加缪作品和人格的"灵魂的一部分"(还可以用哪个词?)。加缪深受"20世纪真正的预言

---

[1] Albert Camus, *Essais, op. cit.*, p. 487.
[2] Cité par Lou Marin, in *Camus et sa critique libertaire de la violence*, Indigène, 2010, p. 20.
[3] 加泰罗尼亚是西班牙的一个自治区,一直以来都有独立倾向,但受到西班牙中央政府的控制,无法独立。加缪支持的自由主义是西班牙式的或加泰罗尼亚式的,加缪喜欢自由主义运动是因为它的独立精神,但是并不喜欢无政府主义,加缪认为无政府状态超出了自由主义的范畴,缺乏必要的节制。——译注

家"陀思妥耶夫斯基的影响,他一直喜欢陀氏笔下具有形而上内涵和复杂性的人物(《卡拉马佐夫兄弟》《附魔记》),他还喜欢陀氏身上自我批评的倾向:《堕落》与《地下室手记》的基调大致与之相同。年轻的加缪是一位斗士,他难道不也是一个陀思妥耶夫斯基式的人物吗?

另一条线索则是在静默中发生的。加缪是西蒙娜·薇伊真正意义上的第一个出版者,他非常尊重原作,然而《重负与神恩》[1]却是一部严重的篡改之作,把作者拉进了天主教会(实际上薇伊讨厌罗马)。我们也不能忽视威廉·福克纳和托尔斯泰的贡献。在加缪眼中,《战争与和平》是浪漫主义艺术的顶峰,令人嫉妒又钦佩,他晚年时的一些随笔虽然有点犹太基督教的感觉(说此话时战战兢兢!),却像是对自己的孩子一样为年轻人指引生活的方向*。

还有一点分歧:是否可以把加缪看作哲学家?他从未有过这样的要求,即使他确如一个哲学家般生活,并以此多次化解困难的处境,即使他体现了这个词的真正的、首要的意义。但是,除非我记忆出现了偏差,无论是在他的著作还是我们平常的谈话

---

[1]《重负与神恩》(普隆出版社,1947年)是1940年10月到1942年4月期间由西蒙娜·薇伊在马赛写的11本小册子的合集,正要离开法国的薇伊将手稿交给了古斯塔夫·第蓬(Gustave Thibon),这是一位哲学家和神学家。之后,"希望"丛书又收录了西蒙娜·薇伊的八部作品,包括1951年版的《工人的状况》和1953年版的《希腊本源》。

中，他从来没有以哲学家自居过。他甚至明确地说："我不是一个哲学家。我对理性的信仰不够坚定，以至于无法信赖任何体系。"[1] 我甚至不能确定他是否认为自己是一个"知识分子"。他不是教师，几乎不写论文——除了 20 岁时为了拿到文凭，他写了一篇有关圣奥古斯丁的论文（这是出于他个人的选择，无关学术）。他在伽利玛出版社工作时主编了一套"希望"丛书，丛书也只是文学指导性质的书，而不是"科学"的学术作品。

相反，他自称为作家（"我是一个作家"，《札记之三》，第 2751 页）。他经常说起他的"作家职业"，甚至他的"作家的义务"，或者记者——在某种（罕有的）条件下，这是"世界上最美好的职业"。作为一名记者和政治活动家，他从未否认过自己工作的价值（他亲口承认这占据了他太多的时间），他对自己的期望是成为一位艺术家，也就是说，一个创作者：小说家和剧作家。他现在是随笔作家，但还远远不够。（早在 1935 年时，他就意识到这个问题，"如果你想成为哲学家，那就写小说吧"[《札记之一》，第 23 页]。）其中也包含了他的戏剧梦。在他看来，他没能成为他所期望的和本应该成为的全职艺术家——从某种原因来说，在《第一人》创作完之后，他再也没有时间了[2]。我们可以设想这样一部伟大的小说或戏剧，比如，关于民族解放阵线中携带炸弹的

---

〔1〕 Albert Camus, *Œuvres complètes*, op. cit., t. 1. p. 1276.
〔2〕 加缪因车祸身亡，长篇小说《第一人》尚未完成。这部自传体作品表现的是欧洲下层移民在北非的命运，后文所说的"设想"都与这部作品有关。——编注

四个评注

妇女们，关于她们的爱情，关于她们所受的折磨（侵犯、酷刑）、她们的希望和救赎；或者在他60岁以后可以隐居卢尔马兰，写一个唐璜-浮士德式的人物，不再"对着虚空俯首称臣"（西西弗）。

2. 弗朗西斯·让松与民族解放阵线

　　弗朗西斯·让松（1922—2009）是知识分子的追随者之一。"知识分子"与"艺术家"或"创作者"不同，这个词意味着枯燥的知识和创作的枯竭。让松是《现代》杂志的次要合作者之一，1952年，正是他在萨特的授意之下攻击《反抗者》和作者加缪。（为什么是他？）他虽然勤奋，但是他的思想深度和写作风格明显落后于这起事件的两位主角。更恶劣的是，在阿尔贝·加缪写了一封致主编萨特的信后，让松以一篇冗长的文章再次攻击加缪。

　　人们再次提起弗朗西斯·让松，是他出现在1960年9月著名的"121人宣言"中。该宣言为民族解放阵线的军事反抗辩护，也替法国人为民族解放阵线提供的帮助进行辩解，同时它还指责在法国本土安全生活的法国人与身处阿尔及利亚的法国人之间的分裂，后者当时已成为民族解放阵线攻击的目标。几个月之后，让松掌控的网络，也就是拥护民族解放阵线的"箱子搬运工"被警察摧毁了（1960年2月），一些成员被捕，受到军事法庭的判决；另一些成员则秘密地逃往了瑞士或摩洛哥（他们中的一些人是戏剧地方化运动的成员）。

　　一位目击者回忆说："民族解放阵线的箱子里装的是小额纸币，这些纸币因为频繁的使用而被磨得泛了光，这是阿尔及利亚战争期间向法国的阿尔及利亚工人征集的。"他还记得，在他那座工人城市里，"有两个人被民族解放阵线的一个征税者用斧头杀害了，一个是因为不愿支付，另一个是没有能力支付，让松和其他人带来的钱上沾满了血与汗"[1]。

　　阿尔及利亚独立和特赦之后，让松又活跃了起来。他成了索恩河畔沙隆文化之家的管理者和建造者，尽管他曾经鼓吹室外的文化活动也有其精妙之处。特别是1968年5月，戏剧地方化运动（20年来，形势发生了很大变化）的领导者们被困在维勒班的罗杰·普朗夏雄（Roger Planchon）的地堡里。他们一直待在此处，焦急地伺机出门回到"大街上"，他们的人员到处罢工，或是耐心地等待运动稍稍平缓后重新夺回管理者的交椅。幸亏保国同盟胜利了，同盟看到他们无所事事，并没有责怪他们。只有让-路易·巴洛受到马尔罗部长的制裁，因为他将奥德翁提供给"反叛者们"处置[2]。

---

[1] Michel Darche, à Chevannes, cité par *L'Yonne républicaine*, 11 août 2009.
[2] 1968年法国发生"五月风暴"，学生罢课，工人罢工。时任奥德翁剧院院长的让-路易·巴洛面对学生对剧院的占领，并未报警要求驱逐，而是与青年交流。事后被文化部部长马尔罗解除了职务。——编注

3. 从佩尔南-韦热莱斯到伦敦

米歇尔·圣-丹尼斯（Michel Saint-Denis, 1897—1971）在法国戏剧历史上是一位不知名的或者说几乎不知名的人物。作为雅克·高博的侄子，他的人生轨迹是从勃艮第的佩尔南-韦热莱斯到伦敦，而后是斯特拉斯堡和新伦敦（他在这里去世）。身为一名在英国的大导演，他的戏剧——与亚历克·吉尼斯（Alec Guiness）和佩吉·阿什克罗夫特（Peggy Ashcroft）合作的《三姐妹》，与劳伦斯·奥利弗合作的《俄狄浦斯王》，再一次与佩吉合作的《樱桃园》——都是1930至1960年英国戏剧舞台的代表性作品。事实上，他与奥利弗是老维克剧院的联席董事。而后，与彼得·布鲁克（Peter Brook）成为斯特拉特福德剧院的联席董事。1940年7月至1944年11月，他化名为雅克·杜歇（Jacques Duchesne, 意指1789年[1]），成为BBC电视节目《法国人对话法国人》的主持人和负责人。那时英国是自由的最后堡垒，温斯顿·丘吉尔将他安排在这个位置上，是为了"抗衡"戴高乐将军的发言人莫里斯·舒曼（Maurice Schumann），他在伦敦努力呼吁自由法国运动。圣-丹尼斯是抵抗运动的成员，

---

[1] 这个化名是为了纪念1789年法国大革命期间的杜歇老爹（Le Père Duchesne）。杜歇老爹是1789年一本题为"杜歇老爹游凡尔赛"的匿名小册子中的虚构人物，他疾恶如仇，谴责不公。1790年，雅各宾派的阿贝尔还创立了《杜歇老爹报》。——译注

同时也是最早的反戴高乐主义者，反对的原因我已忘记。

整个身体蜷缩着，流着血，厚厚的嘴唇带着轻蔑的表情，稀疏的金发，锐利的蓝眼睛，漫不经心的手，嘴里叼着烟斗，胸前戴着蝴蝶领结，双腿弯折垫在臀部下面（让人想起达达尼尔战役时一名伤者的姿态），他几乎什么也没做就在年轻演员和他的学生们之间"流行"起来。不仅因为他是一名导演，还因为他是一位非常出色的戏剧教育家，始终忠实于明确的艺术目标，同时又是合乎道德的（拥有剧团、受公众欢迎、尊重作家），他专注于发现及挖掘每个新人的各种可能性，以便发挥他们的才能，展现他们独一无二的特点。

圣-丹尼斯创办了十几所戏剧学校（在法国、英国、加拿大、美国），其中有纽约的茱莉亚音乐学院，以及在斯特拉斯堡的高级戏剧艺术学校——半个世纪之后，这所学校成为法国的主要学府之一，但是它已经远离圣-丹尼斯创办这所学校的初衷。

圣-丹尼斯一直在英国享有的盛誉延及加缪。我无法真正道明他们之间的关系。他们虽然存在着巨大的差异，但是也有共同点：他们各自是一个完整的个体，因此自然地产生了对抗[1]（没有贬低的意思）。

---

[1] Michel Saint-Denis, *Deux jours avec Churchill*, L'Aube, 2008 (introuvable, malheureusement).

4. 伟大的玛利亚

没有见过舞台上的玛利亚·卡萨雷斯，就无法想象这个纤弱的女人所散发的强烈的、耀眼的魅力——她总是在最鲜明的角色中挑选令她满意的人物，无与伦比的演技让平日看起来娇小的她在舞台上显得那么惹人注目。卡萨雷斯从未演过任何低俗或普通的角色，"她告诉我她只会出演她愿意与之结婚并共同生活的人物，这个人物要能够让她感觉在过另一种生活"（《札记之三》，第147页）。

她只拍过极少的电影，但是部部是经典：《布洛涅森林的女人们》、《天堂的孩子》（一个很不讨喜的角色）、《奥灵菲》（*Orphée*），这些作品使她成为影坛明星。尽管在政府眼中她已经进入了法兰西剧院这一特权机构，但直到1978年6月27日玛利亚与安德烈·施莱瑟（André Schlesser）结婚后才获得了法国国籍[1]。

玛利亚·卡萨雷斯精彩地诠释了主人公的激情。她有着不加修饰的美丽面孔，乌黑的头发经常别在耳后，黑色的眼睛闪着漂亮的光泽，她的西班牙语腔调流露哀伤又强烈的情感，有时略带嘶哑的喉音，语调总是非常完美。

---

[1] Javier Figuero, Marie-Hélène Carbonel, *Maria Casarès, l'étrangère*, Fayard, 2005, p. 262.

她的身材娇小得令人难以置信——仿佛两只手就可以把她拢住。她可以扮演各种角色，比如马里沃笔下的女神（《爱之胜利》），卡尔德隆笔下的神秘火焰（《献身十字架》），当然还有皮兰德娄（Pirandello）的《六个寻找剧作家的角色》里那个穿着丧服、引发混乱的美丽的继女。

我曾经在工坊剧院看过玛利亚出演《卡拉马佐夫兄弟》里狂热的格鲁申卡。我开始想象加缪可以在《卡拉马佐夫兄弟》这部不可思议的戏剧里出演伊万，这个角色与他是如此相近，"他属于不需要百万钱财，只想解决思想问题的那种人"[1]（陀思妥耶夫斯基语）。加缪在阿尔及尔演过这一角色，"也许我发挥得并不好，但是我知道我能很好地理解这个角色"[2]。

让·维拉尔为玛利亚·卡萨雷斯提供了广阔的平台，使她成为那个时代戏剧界的标杆，无论是保罗·克洛岱尔的《城市》，还是《麦克白夫人》，她都有出色的发挥。她在后一部剧中扮演的是个一般的角色，只在三个简短的场景中出现。人们针对演员们提出的一些问题（"那些手将永不干净吗？"），她做出了如下解释：她扮演的角色代表了疯狂的命运，用冷酷的方式表现罪行之后渴望正义和复仇的心态。

这就是女演员卡萨雷斯，她远离丑闻和侵犯个人隐私的公

---

[1] Dostoïevski, *Les Frères Karamazov*, trad. d'Henri Mongault, Gallimard, 1945, t. 1, p. 91.
[2] Cité par Roger Quilliot, in Albert Camus, *Théatre, récits, nouvelles, op. cit.*, p. 1712.

众生活。她活脱脱就是加缪思想的代言人。两人都忠实于受尽弗朗哥主义折磨的西班牙共和党（玛利亚的父亲是一位被流放的部长），这使他们的感情更加牢固——在卡特琳娜·塞勒[1]出现之前。玛利亚·卡萨雷斯拥有独特的气质，和很多女演员一样，是"神秘"的化身，这些都吸引着加缪。

---

[1] Catherine Sellers，1926—2014，法国女演员，曾与加缪有过一段恋情，去世前她将她与加缪的通信都赠与了法国国家图书馆。——译注

第二部分

镜中的阿尔及尔——《归途手记》
（2005）

基督从未到过阿尔及利亚。

阿尔贝·加缪,《第一人》

从阿尔及尔到蒂巴萨

* 对于我,以及对加缪的众多读者来说,蒂巴萨始终是一个启示之地:这里是美丽与历史的相遇,这里是一幅和解的画面,或者是对和解的希冀;在那里,在海的另一边,一个才华横溢、年轻、不妥协的声音响起,那是对创作的呼唤。

1958年的一些"事件"之后,我们打算前往蒂巴萨。从阿尔及尔出发,向西几公里。在我们的左边,垂直于大海和道路的地方,戴着澳大利亚帽子的伞兵们举着冲锋枪,在葡萄园里一排排地仔细搜索那些躲起来的士兵。

我们只好返回了。

如今,这里再也看不到葡萄园。如今的阿尔及利亚出产天然气和石油。

* 临近生命的终点,我们又回到这里,为了对比一下今朝往昔，我们在"牛奶吧"稍作停歇，过去这个冷饮吧所在的街道叫作伊斯里大街，是欧洲青年经常光顾的地方。我还记得1960年，我把公文包放在小圆桌下面，用两脚夹着。我能感受到周围的人对我和包投来警惕和怀疑的目光。"牛奶吧"一直是年轻人聚会的场所，那里只提供不含酒精的饮品（可乐和苏打水）。

那是在《正义者》创作多年以后（确切地说是十年）。人们原本认为，与日本神风突击队、汽车炸弹、自杀式飞机导致的数千名无辜死者相比，这一幕不值一提。然而，此时此刻，在这个曾遭受过恐怖袭击的地方，加缪提出的问题依然不变：谁有权力为了正义的理由杀害一个无辜的人？

*"正义永存"，圣歌第112首唱道。本以为是对世纪道德沦丧的反对，却让长时间被轻视的东西变成了现实。即使有炼金术，我们也不是真正的炼金术士。在日常生活中，我们拥有奇怪的选择性记忆——一些画面消失了，其他的一些场景却刻骨铭心。比如1960年发生的一件事：正是在拉费里埃广场的边缘，一个缠着头巾的阿拉伯小商贩眼睁睁地看着两名共和国保安军把一辆装果蔬的汽车翻了个底朝天——很多橙子，那么多橙子沿着街沟一路滚到了大邮局前。

一旦正义被抛弃，武力就没有了限制。当然这只是一个细节，但这个小小的事实，就揭露了普世的淡漠。

"我们难以设想人类会造成或遭受多大程度的伤害，这令我们恐惧。"（西蒙娜·薇伊,《手记》6号）在阿尔及尔，如同所有的内战一样（因共同生活而产生的仇恨是最黑暗的），两个阵营的暴力情形已经极端化，甚至因为暴力被掩盖、被持续操纵而更加极端化。

问：正义的动机是什么？答：如果我不这样做，谁来做？如果我不写，谁来写？即使被遗忘被孤立，也要该怎么说就怎么说，该怎么写就怎么写。

*《正义者》巡演时，我曾经在沙隆—马恩河畔远远地见过保罗·泰让[1]，我还对加缪描述过他的外貌。正是泰让引发了"奥丹事件"。他当时是阿尔及尔省的秘书长，负责全体治安，他拒绝为拥有打击恐怖主义的一切权力的马苏将军签发莫里斯·奥丹的埋葬证。奥丹是一位年轻的数学教师、共产主义者、民族解放阵线的联络员。1957年6月11日，奥丹在家中被伞兵逮捕。共和国的军事当局声称他是在"企图逃跑"的过程中被合法枪杀的，实际上他是在上级同意的情况下被伞兵折磨致死的。对于秘书长来说，给伪造的死亡证明签发埋葬许可证是不允许的。

由此引发了"奥丹事件"。因此，在巴黎，酷刑得以被法庭废除。不无勇气，不无争议。1972年，在阿尔及尔战役近15年

---

[1] 见评注5,《一个正义者：保罗·泰让》，第169页。

之后，保罗·泰让对马苏将军的第一次控诉取得了胜利（马苏将军曾在《真实的阿尔及尔战役》一书中对泰让进行诽谤[1]）。

＊威廉·福克纳的读者们、《修女安魂曲》的观众们都熟知此事：过去的不公平继续分泌腐蚀民主的毒液。美国以战略必要性为借口在印度支那以及阿尔及利亚进行大肆掠夺，加剧了黑人奴隶制。这个癌囊肿发出恶浊不堪的汩汩声。（我们被篡夺的）国民阵线[2]打着爱国主义的幌子，孜孜不倦地助长着人们仇恨和忧伤的情绪。

但是，在"奥丹事件"刚刚发酵的时候，唯有一人对此事说"不"。（他的职业生涯也因此被毁掉了。）

---

[1] 马苏曾经这样描述保罗·泰让："他自奉为军事检查员"，他"没有履行治安推动者"的职能。1964年和1966年的特赦法颁布后，法国军队和民族解放阵线的任何受害者被禁止提起诉讼。1972年，对诽谤的诉讼又使阿尔及尔战役期间有关酷刑和杀戮的言论再次出现。2000年至2002年，法国再次出现了关于酷刑事件的风波，路易塞特·伊日拉利兹（Louisette Ighilariz）在2000年的《世界报》上刊登了相关证据（1957年，阿尔及尔战役期间，她被第10小组的伞兵侵犯）。比亚尔以诽谤诉讼作为威胁，但是马苏承认了路易塞特·伊日拉利兹说法的可信性。2000年10月23日，还是在《世界报》上，马苏承认酷刑之说确有其事。同时，当时在阿尔及尔从事情报工作的奥塞雷斯将军也发表了讲话。2001年春天，他出版了回忆录《特殊机构，1955—1957年的阿尔及利亚》，在这本书中他指出法国政府支持使用酷刑和政治暗杀。接下来的事情人们都知道了，奥塞雷斯将军受到了正义的审判。
[2] 国民阵线是最初在占领区域建立的抵抗阵线之一，创建于1941年5月。这是一个绝妙的戏法。

＊40年之后，2005年2月的一个大风天，我坐在位于迪度奇—穆拉德大街（以前的米歇尔大街）的一家酒吧的露天座喝了一杯口味不佳的咖啡。我刚刚经过学校地下通道的入口处，看到拐角处有一个白色的商店：奥丹书店。在奥丹的名字之上，一面旗帜在白色天台上飘扬着，黑底上有橙色的大写字体："如果您读到这条信息"。

对抗不公正的反抗者战胜了沉默和谎言，即使阿基米德在新发现面前也不及我见到这一结果这般快乐：奥丹这个名字在阿尔及尔的明媚阳光下发出了耀眼的光芒。

＊1993年春天，阿尔及利亚作家兼诗人塔哈尔·贾乌特（Tahar Djaout）用这几句话作为他的社论的结束语：

说话，你死；
不说话，你也死，
那就说完再死吧。

1993年5月26日，阿尔及尔，天蒙蒙亮，贾乌特开着车刚到公寓楼下，一个不明身份的人对着他的头部连开三枪。

"但是遗忘的夜晚不会到来。"[1]

---

[1] Tahar Djaout, *Perennes, op. cit.*

＊故事、传说、(伪造的)殉教者名单,还有痛苦、死亡、冲突与(夸大的)言论令谣言甚嚣尘上,一些地方一时之间成为舆论的中心。

"历史的观光者们"可以在三钟广场凭吊历史,在"事件"期间,这里是最令"黑脚"们兴奋的聚集中心。现在这里只是一个普通的外省小广场,而神秘的北非城堡(扫荡、肃清、处决、报复和反报复之地)则变成山侧一个长度不超过一公里的空空荡荡的四边形。这里被列入了世界文化遗产名录——在多么可悲的情况下!

这一切令法国人、令巴黎人惊讶,更令欧洲人惊讶。尽管经历了两次大规模的战争破坏和不动产投机,欧洲人有时仍(甚至是无意识地)生活在过去几个世纪的印记中,而在这里,这些印记却缺失了。过去发生的事情在阿尔及尔没有留下任何可见的证据——什么也没有,即使是在博物馆(不包括古罗马遗址),也只可追溯到19世纪。这莫非是富裕阶层和收藏家的错?或者是因为殖民统治的破坏和掠夺(但是在大城市,殖民统治也只显现罕有的影响)?还是奥斯曼人——人们总是忘了他们——把一切都带走了?抑或反偶像的伊斯兰教徒只能容忍用坏了的手工艺品?

难道说,这些喜爱阳光、悠闲、漫长的聊天(男人之间,女人之间)、狩猎、钓鱼、足球的人们满足于日复一日的生活,丝毫不挂心是否为身后留下些许痕迹(不再受形而上学的折磨)？

太阳、光线，大海、沙滩，这些就足以满足一切。正如加缪经常所说的那样，这个新兴的国家可以和"古老"的欧洲相媲美。

* 第一次尝试失败后，时隔45年，我们再次动身前往蒂巴萨。

我们离开阿尔及尔，一路往西。往下经过巴布瓦德穆斯林公墓和杂乱的白石头，如同绿草地中长出了白牙，经过基督教徒圣·尤金的公墓，接下来沿着海岸，目之所及的是最常见的建筑。突然在道路和大海之间——那天上午的大海是绿色的，波涛汹涌，吐着泡沫——在离地平线四到五层楼高度的地方出现了一个陡峭的建筑，虽然它的阳台、栏杆、露台抗住了盐分和潮湿的侵蚀，现在却任凭风吹浪打。这个阴郁而荒芜的建筑，在叛军造反期间，曾是被伞兵们管理的拘押中心，是他们的权力所在地之一。在这之前，将领们（萨兰［Salan］、沙勒［Challe］、约豪［Jouhaud］、策勒［Zeller］）在经历了莎士比亚式的令人眩目的结局之前，就被卷进了内战的大动乱：谋杀、悲剧性的阴暗的清算。失去了一切的家庭在混乱和匆忙中登船离开。

悬崖边上的废墟留给了其他怀揣野心的麦克白将军们，他们的身后是变成火海的城市。半个世纪后，作为警告和悔恨

(对我们来说)的标志,威严而又充满嘲讽的城堡废墟依然矗立。这座蒙受背叛和失败的城堡,被历史的风穿透。

它是对那些自由之敌的一个教训。

* 来自阿尔及利亚的司机兼导游卡迈勒(Kamel)听到我们的对话,看了看我们,也加入了聊天。他全心全意地效忠他的老板,照顾他的妻子和年幼的女儿们。在公寓里,他的妻子会在我们面前揭开面纱。他的长女则不然,这是一个聪明的女学生。她们为我们的朋友献上可口的美食,为他端上蛋糕和一个精致的"白乔巴",没有给人丝毫卑躬屈膝的感觉。卡迈勒开着车,在火车站和飞机场之间往返,陪同客人们散步,晚饭后去饭馆接他们——多么谨慎!

在"事件"期间,卡迈勒曾经是一名警察。某些"事件"在当时虽然没再引发内战和法属阿尔及利亚的军事化地下组织的暴动,但是在世纪之末,引起了部队和伊斯兰武装集团之间的内战及一连串暴行。"事件"成为界定他生活的里程碑——他说:"在这些事件之前,我们去了……""在事件发生期间,我们待在……"等等。

这几年的局势令人恐惧,卡迈勒一直谨言慎行,不消说,根据时间和场合,他知道什么事情该做,什么事情不该做。对于他来说,与旧同事之间维持联系有助于他避开警察的罚单,有助于他在机场的预留区域毫无阻碍地停车。在这里,一切都是这样，早已深入人心，在这种社会制度下，法律什么也不是，获得保护才是更好的选择。

一天清晨，同样是在这条路上，在西迪—费济（"黑脚"称为"西迪—费鲁赫"）的入口处，我们的朋友和一起去工作的几个人发现了七具"恐怖分子"血肉模糊的尸体，它们如同粪肥一样被扔弃在那里，上面围满了苍蝇，连个墓地也没有。复仇、屠杀、阉割、肢解、强奸，组织这些暴行的犯罪分子却凭空消失了。到处都是令人恐惧的狂热。这些"事件"（人们断言共造成20万人死亡）依然为制度所利用，镇压、腐败层出不穷，伊斯兰运动和社会主义警察之间的矛盾一并爆发了。

这场无情的战争留下的阴影，我们是否也要承担一部分（道义）责任？就像这风中的城堡所提示的，我们不才是第一个点燃导火索的人吗？昔日的不公正只是在沉睡中——如同善一样。

诗人告诉我

白色的夜

试图

穿越

恐惧

格拉纳达

背叛

暴风雨来临

阿尔及尔也是。

这是萨利马·艾特·穆罕默德（Salima Aït Mohamed）写于1996年的诗[1]，也就是内战最黑暗的时刻（这些词都不足以重现暴力、野蛮、哭喊、葬礼）。

* 令人惊奇的是，与阿尔及利亚官方文学相对的，是大量涌现的法语诗歌，犹如"一封致西方的公开信"（阿卜杜勒拉蒂夫·拉阿比［Abdellatif Laabi］）。这些诗由一些流亡法国的男人和女人所作，他们虽然自由，却思念着家乡。孤独笼罩着他们。

这恰恰证明，在社会压力和政治压力加剧的时候（当没有其他出路可走时），诗歌和戏剧也就显得尤为必要。

* 行程仍在继续。路上挤满了小型卡车、轻型摩托车和大型车，它们沿着郊区蜿蜒的小路曲折而下。富裕的阿尔及尔人（政权的不法得利者窃窃私语——没有什么获利不是靠走关系得到的）打造出法老时代的别墅，这些别墅有着新希腊式的栏杆

---

[1] Sous la direction d'Abdelmadjid Kaouah, *Quand la nuit se brise. Anthologie de poésie algérienne*, Le Seuil, coll. « Points », 2012, p. 95.

和克里特岛式的廊柱和梁头，无不透出炫耀的味道，糟糕的地中海品位随处可见（雅典郊区也是如此）。

这条道路的标志是一座新修的城堡，同样的招摇，里面是宪兵或消防员，墙上刷的也是刺眼的颜色：饰有石榴红边的太阳黄。从各个方面向农民、市民展现它的自负和（虚假的）现代性，对这样的权力的任何反抗都只是徒劳。

这个政权已经忘记了李尔王的命运，忘记了莎士比亚笔下国王们如何陷入自己犯下的罪行，忘记了萨兰城堡被风穿透的废墟。

* 芦苇组成的帘幕保护着农作物免受海风的侵袭，如同在普罗旺斯一样，在泥泞的道路旁有一些商贩（年轻的男子或女子）为司机提供橙子、柠檬、沙拉、（为长者提供）烙饼，（为孩子们）提供装在塑料袋里的金鱼。

他们一动不动地耐心等待着，那种耐心是东方人长久以来所特有的（或者说是穷人特有的）。他们的脑袋里会有些什么样的梦想？

我的脑海中浮现越南的一些画面。在这里也有狡猾的香烟商贩打开盒子，香烟论支出售。

* 我们到达了蒂巴萨。在圆形广场（这是60公里内的第三个）接受伞兵部队的检查。左边，在山脚下凹进去的地方是一座新城,即省府所在地;右边是省府旧址,被一个小渔港分成了两块,由经受着怒涛不断拍打的防护堤保护着。堤坝上的布匿墓地似乎在左右摇摆,要被连根拔起。地平线上,一个巨大的狮身人面像的爪子伸向大海,还有神奇的舍努阿山和被传说包围的卡比利亚领地。

我们在一家被风吹得摇摇晃晃的蓝色小木屋里吃午饭。我们吃炭火烤肉,可以选牛排或虾。没有含酒精饮品,但是有一些添加了人工香精的假果汁。加缪写过:"在这家咖啡厅吃得不好。"(是同一家吗?)

我们选的是虾。我们的导游直接用手拿着虾须,头微微后仰,吮吸着虾肉,发出了气球漏气的声音。

远处,有一个成熟美丽的女人,头发光亮,正在认真地(还带着点爱恋?)倾听一个50岁左右的男人的话语,他似乎在轻声地说着一些重要的事情。

他们在这里找到了避难所。他们之间用法语交流(因为谨慎?)。

在蒂巴萨

> 清晨的蒂巴萨,废墟上滚动着露珠。世界上最新鲜的精灵依附在最古老的建筑上。对我而言,那就是我的信仰,是艺术和生活的准则。
>
> 《札记之三》

蒂巴萨拥有独一无二的地理位置。高原上有树,松树、橄榄树,有些树已经很老了,被风拧在一起就像古代的角斗士一样;还有花,芙蓉、乳香黄连木、毛茛、小雏菊等,镶嵌在石板之间。这些生命力顽强的植物成功地扎根,在这片红色悬崖上绽放,尽管有些还只是刚刚露出地面。这片废墟如同迷宫一般。在海面之上的岬角处是悬崖的边界,边界向西缓缓倾斜直到亚历山大主教的墓地处。

被世俗化为艺术的宗教遗迹,已经与那些以秀美著称的自然景观相互交融——比如希腊(帕特农神庙、苏尼翁角的波塞冬神庙、德尔斐),或基督教圣地(弗泽莱、圣米歇尔山、托莱多或佛罗伦萨高地上的圣米尼亚托)。这片高地之所以被称作圣地,是因为在这儿有过联盟,也有过对抗,人们曾对大自然进行整治和征服,当然还有创造,确切地说是人类受启发后的创造。但无论怎样，自然界始终生生不息。

有那样一棵橄榄树，在雅典娜古神庙的脚下，在帕特农神庙没有泥土的石头缝中，顶着烈日发芽、成长，这本身就是一个奇迹。它坚如大理石的树干不乏柔韧性，在分叉的树干之间，透过稀疏的树叶，可以看到永恒的女神像。正是这份多变、持久、渴望和想象汇聚成一幅我们认为最美的画面。

在蒂巴萨，艺术是最粗俗的（因为它是罗马艺术），但是这些残败的废墟仍在天空与大海之间保持着平衡的状态。这里的拱廊，满是炉灶的岩洞，还有那矗立于角落、指向北方公路的大理石柱头，它们清晰地勾勒出空间的层次，显示其广阔的深度。在这骄阳似火的大下午，阳光如刀一样割着皮肤，游客却依然兴致勃勃地从一地到另一地取景拍照。

人类是固执的。一旦他们选择了一个地方，便在那里安家立业。废墟之下还是废墟。古人类、努米底亚部落、罗马人、基督徒接踵而至，他们（通过战争）破坏了这里，接着又重建另一些神庙用来供奉其他神灵。

一个神的灭亡是为了另一个神的诞生。

但是，伊斯兰文化一直保持着距离。

一座城市一旦存在，随之而来的还有城市的公墓、公共浴池、集会广场、剧院、商场、实用的设施（炉子、蓄水池）以及面向"宗教裁判所"（法庭）的（无名的）寺庙。这也是《修女安魂曲》里的一个场景。但这里，在悬崖边上，这些光滑的圆柱和四个拱门只是与海天相接，抑或与无名的基督教教堂相连。

直到现代（1789？1914？），人类仍然在此建造。人类在这里生活后，地层在他们脚下层叠，水井逐渐深陷、消失，与历史的源头融汇。

然而，这种延续千年的传统到此为止。人类史上第一次，一个大陆（欧洲大陆）不再向神祈祷。不再有人群聚集的建筑——体育场、剧院、电影院和音乐厅。不再需要建造祈祷场所，无论是集体的还是私下的，也就是说，不需要去沉思或传唱那些超越了人类的东西。

在蒂巴萨，正如在德尔斐（很快会像弗泽莱[1]），不再有上帝的仆人，取而代之的是保证大家安全的警察们。

战争结束后，加缪从阿尔及利亚回来，他抱怨这些废墟被带刺的铁丝网围了起来，"大概是出于社会风化的考虑，晚上禁止入内"（《夏天集》）。如今，这片废墟依然被铁丝网围住，只能从一个"特许入口"（非常狭窄）进入，到处都有警察在巡逻。他们似乎很少追捕破坏文物的人和纵火者，更多的是追捕一对对情人们。

和我们一起进入这里的一对年轻夫妇努力想独处，这时一个看管者立刻出现，这对年轻人又返回他们漫无目的的参观中了，

---

[1] Vézelay，法国城市。——译注

显而易见他们对废墟之美兴趣寥寥，他们更关注的是他们自己（"我从他们的脸上看到了爱人脸上常见的明朗的笑容"）。

＊在阿尔及尔的公园里，有时会发现这样的现象，一对热恋的情侣正藏在某个角落（一个蒙着面纱的女孩有时候坐在男孩的大腿上）。大街上，从来看不到情侣接吻，也没有男人搂着或抱着一个女人，顶多是拉拉小手指；要不就是女孩子们一起走，男孩子们一起走，彼此不时用眼神传达爱意。

这种青春充满着被压抑的欲望。"只有没人爱的人才是不幸的，因为没有爱是种不幸。"（《夏天集》）

＊这片供游客参观的地方，有一些可供观赏的奇特之景，其中一处标着"阿尔贝·加缪小教堂"，这会让他自嘲。

顺势而下往海边走去，在基督教堂和宏伟的拱门之后，在古罗马工匠涂满蜜色的石块堆垒之后（这就是与希腊人的不同之处，这里没有艺术家），有一条羊肠小路通向亚历山大主教[1]所在的城市，那里矗立着一块质朴的白色石碑[2]，石碑上用大

---

〔1〕亚历山大主教，指亚历山大城的亚历山大（Alexandre d'Alexandrie），327年（或326年）卒于亚历山大城。——译注
〔2〕这座纪念碑于1961年4月21日由雕刻家路易·贝尼斯蒂（团队剧团的布景师）完成。建筑师路易米克选择了此地（他们都是加缪的朋友），这里与舍努阿山的山顶和基督教徒的墓地连成了一条线。这座纪念碑非常简单质朴。

写字母雕刻了《婚礼集》中的一句话："在这里我理解了何谓荣誉：爱的无限权利。"

为什么不呢？我本来更喜欢其他词汇，一个能够更好地协调爱与公正的词（尽管加缪总是喜欢第一个词多于第二个）。这个不知忏悔的唐璜，这个傲慢的卡斯蒂利亚贵族（让－保罗·萨特曾多次批评他烟不离嘴），既不说谎也不奉承，一辈子为真理斗争——为那些正在遭受不公平的人斗争。

但他热爱阳光、大海、海风、女人（"每年，沙滩上都会有如花一般的少女，她们的人生只有这一季"[《札记之一》]）和阿尔及利亚的人民，他曾在这些人中间度过了艰难的童年。应当高兴，因为在这里他幸福过，因为在这里他找到了自我。以这段悲剧历史为出发点，在悬崖之上、在壮观的舍努阿的地平线上，他向自己的过去致敬。

风，也许还有阳光、海盐、时间，它们会一点一点侵蚀石柱上的这些字母，令它们难以辨认。石柱会被侵蚀，但书籍永存。

"蒂巴萨。天空灰白而柔和。在废墟之中，大海略为猛烈的拍击声与鸟儿的啁啾声轮替往复。舍努阿山庞大的身影隐约可辨。有一天我终将死去，但是这里依然完满而优美。思及此，我并无一丝苦涩之感。相反，一种崇敬的感激之情油然而生。"（《札记之三》，第219页）

陌生的女播音员

回程时，车上响起一个声音。

现代社会，声音可以穿透任何地方，

甚至，有时——还会如同一个出乎意料的信号。

从前，远离阿尔及利亚，第十三号四重奏作品，对于我来说，

就是一种启示。

年轻的天才费利克斯·门德尔松（巴托尔迪）

将我带到了路边的埃尔芒翁维尔，

奈瓦尔式的小说结尾：

一份馈赠——是偶然还是突转？

如果没有人听，信号就会消失……

在黄昏的时候，汽车堵塞在阿尔及尔的入口处，

（自由虽然有限，石油却滚滚流走）

一个女人的声音突然出现在驾驶舱里，

清新，年轻，确定无疑。

她说一口经典的法语——没有口音也没有错误。

这似乎是米蒂贾的一个"自由电台"。

这个声音在禁止游客进入的山丘中响起，

我知道，我所能了解的只有她的勇气，她的激情：

这个女人——她的身体，她的脸庞，她的名字

对我来说永远是个未知的谜。

她在说什么？

她在说每个死者应该获得同等的尊重：

死者与死者同等，无论是男人还是女人，

但是有些人，每天都在被歌颂，流芳百世，

其他人则很快在被遗忘中腐烂，

为历史所遗忘。

但是她用同样的声音列举，

非洲的奴隶，

亚美尼亚人和希腊人，

犹太人，是的，犹太人，

柬埔寨人，

巴基斯坦难民，

库尔德人，
车臣人，
胡图族和图西族，
达尔富尔的苏丹人，
（但米蒂贾尚未和平，塞提夫大屠杀尚未平定，
城堡尚未肃清）
她反对屠杀人民和灭绝种族，
为了抹杀历史而重新占领变得荒芜的土地，
将他们的城市夷为平地。
萨布拉－夏蒂拉大屠杀之后，需要的是阿拉伯十字军。
她脱口而出一个神圣的词：
奥斯威辛集中营。
她向这冗长的殉教者名单致敬，
最后她如先知一般呼吁，
坚守我们的责任，我们活着的人要保持警惕：
风雨欲来，仇恨在燃烧。
记住，记住所有的死者！

她的声音停止了。
另一个冷漠的声音紧接而至。
奇迹的时刻——很短暂——已经过去。
加缪应该响应这一呼吁——针对谁的？

"这将是个危机，如果一个人的死亡

换来的是冷漠。"

（无论种族，无论宗教）

我立刻知道我本不应该听这些，

既然听见了，虽然是身不由己，我也应该立刻忘记。

多么奇怪的无责任！

多么奇怪的反责任！

除了旧恨，还有新仇的火种在蓄势——年轻的，

暴力的——

在这不说的拒绝中，是无可奈何。

"我们应该赢得的自由是

永远不说谎的自由，"[1]

单纯的加缪毫不畏惧地写道，

再次回应受迫害的正义的祈祷，

"我说即我想"。

没有必要说谎，只需要沉默。

在这个充满流言蜚语的世纪，还有这么多安静清白的地方。

上帝用不同的语言和所有的人类交流。

上帝只有一个神殿——地球。

---

[1] *Nouvelle NRF*, n°516, janvier 1996, p. 12.

"醒来吧，主啊！你为什么睡了？"

注释：我列举的这些大屠杀中，有几个非常有名，其中奥斯威辛集中营的罪行极为罕见，我多次宣讲，引起了一位杂志负责人的尖锐反击。他的反击实际上提出了两个问题：

1. 是否应该忘记这件事？加缪就西班牙的弗朗哥问题这样回答加布里埃尔·马塞尔（Gabriel Marcel）："您在与一种恐怖做斗争时却对另一种恐怖保持沉默。我们是不愿对任何事情保持沉默的那种人。"[1]（《战斗报》，1948年12月）

2. 以色列的历史和立场是否可以逃避这项责任？在与中东国家的战争中，以色列的行径已经超出了限度（复仇），我亲眼见过——尽管现在到处都言论开放、取证方便——2005年进入阿尔及尔境内的汽车要立即接受检查，我的杂志主任证实了此事。这个话题虽然微妙，但是必须要说，在这些问题上，屠杀犹太人的阴影既不能掩盖过去，也不能掩盖现在[2]。

最近君特·格拉斯（Günter Grass）抗议以色列不予事先声明的核战略[3]（《不得不说》）。以色列内政部长很快宣布生于

---

[1] Albert Camus, *Actuelles II. Chroniques*, in *Essais, op. cit.*, p. 248.
[2] "二战"时期，犹太人遭到纳粹惨无人道的屠杀，"二战"后犹太人在以色列建国，由于领土原因，以色列和其周边的中东国家先后发生了五次战争，但在战争过程中以色列也做出了屠杀行为，给阿拉伯国家的人民带来了深重的灾难。所以作者说，"既不能掩盖过去，也不能掩盖现在"。——译注
[3] *Le Monde* du 10 avril 2012.

1928年前的德国作家是不受以色列欢迎的人。

我出生于1928年1月7日，我不是德国人，但是我认为今天的德国勇敢地担当了昨天的罪行，而法国就其"殖民罪行"并没有采取同样的态度。"我的信念是，我们必须拒绝向事态、形势、财富和权力屈服，拒绝向这样发展的历史和这样的世界屈服。"（加缪，《人类的危机》，第25页）

阿尔及尔

> 人们对一座城市的喜爱往往是私下的。阿尔及尔展现在天空下,就像一张嘴或一处伤口。
>
> 《婚礼集》

* 这座城市很美。城市里有大海和港口。建筑的色彩和高度(采用的是奥斯曼帝国的殖民原则?)都具有惊人的协调性。还有一座巨大的圆形剧场,以海为舞台,城市沿着这些阶梯和出口向下延伸直至港口。港口不再是分离或重逢的地方(现在这些场景出现在机场里),而是一个半梦半醒的地方,在这里,出租车在站台前聚集,等待着寥落的客轮和火车。

这座城市几乎没有无法弥补的弊端,除了无论从哪个角度都能看到的两栋建筑:殉难者纪念碑和自命不凡的艾尔·奥拉西酒店。

* 如果现实并不总是与回忆重叠,我的女伴也不会想起她的童年和少年时期。但她已认不出外围这些历经毁坏、重建和改造的街区了(而我青少年时期生活的贝西区也已经在不动产的投机活动中完完全全地消失了）。

她的母亲生活在土伦，周围满是"历史古城"的遗迹。她在脑海里不停地回想着希思黎大街、米什莱大街、加朗公园，就像松鼠丈量自己的巢穴。她不知道这些地方现如今换了新名字，还有迪度奇-穆拉德大街、穆罕默德五世大道、拉比·本·迷迪街、自由公园等等。

一张暗旧的彩色地图又一次铺在餐厅的桌子上。大家各执己见，回忆着，争论着。他们停下了所有的事情，争相讨论那个在自家餐桌上给教皇做过手术的Z医生是否住在这条缇蔓路。

这是一座梦幻之城、梦想之城、回忆之城。艾特金（Efim Etkind），这位被苏联放逐的杰出的三语翻译家、列宁格勒的大学教授，在叙雷讷的小屋子里接待了我，并向我讲述他是如何在这里与一个朋友"重绘"一幅拉丁区（拉辛街似乎在这里？）的地图而度过一个个不眠之夜的——当时的苏维埃政权使得拉丁区对他来说遥不可及。

* 在雅克·希拉克[1]（Jacques Chirac）访问前15天的时候，布特弗利卡（Bouteflika）总统下令重新将围墙刷成白色，将阳台、百叶窗刷成蓝色，所有建筑朝着大海的那一面则刷上同样的、略微偏紫的蓝色。

---

[1] 法国前总统。——编注

波将金[1]（Potemkine）仍旧是政权的典型代言人。（看看我们这些被调任的省长们就知道了。）逢到演讲时，这里是满坑满谷的群众和各种布景，随后便全部消失，只剩下不变的、凄凉的现实。

* 城市呈现一片宁静的景象。凌晨1点到5点之间车流减少，5点之后城市重又热闹起来。

* 在阿尔及尔，法文随处可见，比如写在阿拉伯语街道名下的法语名，但是巴斯德（Pasteur）、朗日万（Langevin）、保罗－路易·库里耶（Paul-Louis Courier？）、伏尔泰（Voltaire）、瓦格拉姆（Wagram）、亚里士多德（Aristote）[2]和另一些则没有被标上阿拉伯语。同样地，还有那些招牌、广告（甚至政府广告）、报刊（十多份都是法语报刊），它们常常遭到批评和禁止。

如果说年轻人法语讲得不够好（当局对我们的语言学习忽褒忽贬，态度不定），那么从法国回来的年长者的发音则要从容许多："先生，你走这条路……"

---

〔1〕波将金是俄国叶卡捷琳娜二世的宠臣，身居高位。传说他为应付女皇巡查而刻意营造当地开发颇上轨道的假象，下令在她巡游经过的地方搭建了许多造型悦目的假村庄，也就是作者在后面所说"满坑满谷的群众和各种布景"、虚假工程。——编注
〔2〕以上名称皆为街道名字。——译注

在咖啡馆里、人行道上，交谈通常都带着"阿尔萨斯方言"的味道：一个阿拉伯语句子里被塞满了各种现代或抽象的法语单词，譬如："我又有一个问题"，一位年轻妇女会在一个阿拉伯语长句中突然插入这样一句法语。

大街上，没有任何充满敌意的手势或是言辞。迎面遇到的行人们向我们露出微笑，如果辨认出有外国人（一个法国人？），还会对我们表示欢迎；有时他们还会说："注意你的相机！"接着又说："阿尔及尔，很美，是吧？"

* 1996年克里斯塔·沃尔夫在洛杉矶遇到几个1940年之前就移民的德国犹太人，她记录道："对于这些人来说，时间定格在了几十年前，那段记忆难以磨灭，一切都尚未缓和，痛苦未减，失望未平，余怒未消。唯一的安慰便是在某几分钟里，能够偶尔谈论这段回忆；向愿意了解它的人讲述，向愿意倾听、参与其中并感同身受的人讲述。"[1]

* 与差劲地处理我们在外国的文化事务的外交部相比，法语国际组织极其软弱的管理有过之而无不及。它似乎不像是在为阿尔及利亚、为广播频道、为报刊考虑，也不是为那里操双语的人民着想。是因为在那里对话十分困难吗？

---

[1] Christa Wolf, *Ville des Anges, op. cit.*, p. 100.

一些热衷于南北关系对话的信徒（在他们中间我们经常能发现活跃的利他主义者和神秘主义者的混合）醉心于非洲。非洲当然需要我们的关注，但是他们越过了马格里布，特别是阿尔及利亚。对于他们而言，这里已不再是非洲。是因为太近还是太远？太复杂还是太危险？

顽石保持缄默。过去150年里有多少野蛮的行径。但这就是血缘的牵绊，这几近枯竭的血缘是法国和阿尔及利亚之间纠缠不清的结：如此亲近，却又总是几欲扯断。

双方只有互相利用时才会给予政策上的重视。

* 在卡比尔的一个村镇，历经战火和"肃清"之后，1957年1月8日，穆鲁德·斐拉文写道："女人们都待在镇子里的家中。她们被命令将家门打开，并且待在自家单独一个房间里。这个村庄被改造成一个挤满人的BMC（乡村军妓院），阿尔卑斯山的猎兵团成员们在这里放松。"[1]

这座如今和平、忙碌，甚至带炫耀意味的革新的（地中海和社会主义的）破败城市，曾经历了如此多的斗争、谋杀、酷刑、掠夺和耻辱（各方面皆有），以及如此多的痛苦、离别和流亡。

---

〔1〕 Mouloud Feraoun, *Journal, op. cit.*, p. 184.

*随处可见伊斯兰教徒（但还是没有伊斯坦布尔的人数多）。一到周五商店和办公室就关门，头巾再度流行（以一种不引人注意的方式？），酒精被公开禁止（但是在排水沟里还是有很多废弃的啤酒易拉罐）。很多身着制服的警察们（他们戴着大盖帽，制服裤子里是圆滚滚的屁股）吹着哨子，指挥着（混乱的）交通，车流一堵，他们就主动和女司机们调情。

　　哪些人是伊斯兰教徒？他们随处可见，身着统一服装，引人注目；他们戴着帽子，留着胡须，有着世故的眼睛、灰白的头发，穿着沉重的鞋子，步伐很快（啊，他们可不会飞檐走壁！）；他们经常两人一起，有时还会有一名裹着黑衣的女子，阴沉的目光紧张地转动着，似乎有什么未知的非凡任务。他们身上有着"不可能"的东西，他们相信自己的权利，相信自己的神。

　　*BCG——胡子，响板，无袖长衣——这是一种流行的幽默说法。

　　*自由通过卫星天线（以及网络）传播开来：天线纷纷从窗户伸出，如雨后春笋一般。

　　*七位提比林苦修会会士——生活在民众中并意识到危险存在的仁慈的见证者——被残忍地暗杀，以儆效尤（用恐怖来吓

阿尔及尔

唬人）。被谁暗杀的呢？被伊斯兰武装集团吗？还是被民主共和国安全机构？谁操纵谁？谁又想恐吓谁？谁是"没人知道他在做什么的最后一分钟的朋友"（1991年1月1日，克里斯蒂安兄弟为此而祈祷）？

他们给调查员看的，只有头，没有身体。

"他们的尸体像肥料一样被扔在田里。"

毫无疑问，我们将永远不会知道所有的真相。但是暴行本身以及野蛮行为产生了令人震惊的冲击（一部令人欣赏的电影证明了这点），它将这次的"牺牲"变成了典范。

关于不公和恩惠的讨论是贝尔纳诺斯式的奇怪悖论。在奇怪的经济运作下，善流淌着绝对的恶，这使得这部电影成为《加尔默罗会修女的对话》[1]的一个新版本，同时也起到了见证的作用。

* 阿尔及尔和战后的雅典有许多相似之处：商店里的橱窗，金碧辉煌、品位糟糕的私人建筑，马路的状况，揽客的出租车行驶在难以理解的路线上，乘客坐在司机的右边。但是在这里没有摩托车，而是被一种极丑的圆形汽车取代（其中很多还是在法国登记注册的），这种汽车常被爱吹哨子的年轻警察处罚。他们以飞快的速度给违规停放车辆的车轮装上"防盗锁"。

---

[1] 1960年的一部电影。——译注

一旦手握方向盘，司机对行人就毫无怜悯之心（对其他汽车也同样没有）。交通规则是不存在的，没有信号灯，没有紧急停车带——驾驶员仅限于男性，他们横冲直闯（难道路上没有两轮车吗？）。

* 阿尔及尔人的平均收入（法国最低工资的一半）与汽车（包括引人注目的奔驰）数量之间的比例是所谓地下经济（在这里尽人皆知）繁荣的标志。

公共汽车上挤满了人：包括（不满十六岁的）年轻人和老人。男人们驾驶着小汽车，通常是两人一辆。

妇女们在路边、街边等公共汽车，等出租拼车。她们在银行、办公室（恭敬地）等候，她们在等，一直在等……

* 2001年，巴布瓦德地区遭到了洪水的破坏：泥石流冲走了大量建筑，造成了一千多人死亡。人们谴责无秩序的城市规划、乱砍滥伐、工程疏忽（污水管网维护不当）等。实际上，是"伟大的"征税者故意堵塞管道，为的是伊斯兰恐怖分子不能再藏身于这里。

* 在城堡的下面，我们买了一件绣着传统花纹的牛仔长袍，商贩说这是传统服装，实际上却是中国制造。

＊帕多瓦尼渔场：它们就在克塔尼海角不远处。面朝大海有一座小木屋，破烂不堪，这里既可以做大众舞厅，也可以做宴会厅，特别是，还可以做戏剧表演的场所。

一边是海，"另一边与眺望台在同一高度的位置有一个40米长、15米宽的宽敞大厅，很多玻璃窗拼接成了一个巨大的玻璃门洞"[1]，里面站着最热情的观众，丝毫不担心自己的安全。

正是在这里诞生了加缪的戏剧使命，他创立了劳动剧团，也就是之后的团队剧团。第一场演出《阿斯图里亚斯起义》应该是集体创作（西班牙，已经成为经典），修改了很长时间，却遭到为法国效力的阿尔及尔当局的禁演[2]。这出剧在整整二十一年之后由夏尔洛出版。接下来的一部戏剧改编自马尔罗的小说《蔑视的时代》，1936年1月这出剧吸引了两千名观众。

＊说起布若中学（维希政府起的名字），这所学校坐落于第三共和国时期的马朗戈花园（现在变成了布拉格花园），建有一幢漂亮的木板屋。年轻的加缪从城市的另一端——深受人们喜爱的贝尔科特区——乘无轨电车到达那里。他在终点站下车。学校里只有很少的说阿拉伯语的学生，几乎没有和他一样贫穷

---

[1] *Avant-Scène*, « Spécial Camus », *op. cit.*
[2] 同上。2006年10月11日该剧的零零散散的原始文件由苏富比在巴黎进行拍卖。横幅上用大写字母写着："被政府禁演的一出剧"（莫非这是为了吸引顾客？）。

的学生。"他不能和学校里的人说起他的母亲和家庭。他也没法和他的家人谈论他的学校。"(《第一人》)

该说的都说了。

* 人们对照相设备特别警惕。大邮局里禁止拍照(除了天花板)。昔日法国贵妇逛的商店早已人去楼空,但是依然有人把守。当我拍摄港口的时候,一个无名小卒举起伞,为了防止我拍到他的脸。这是警方的命令还是出于传统的圣像破坏论?

* 大邮局大约建于1910年,有着东方式的风格,灵感来源于清真寺,顶部是巨大的马赛克圆顶。由于规制庞大,很容易使人联想到同一时期建在西贡的那个邮局。二者都是殖民的象征以及人与人之间(在网络出现之前)交流的标志。

其他的标志还有:凯乔瓦清真寺,1832年被改建为基督教教堂(圣腓力教堂),并在1890年拜占庭化之后重新改为清真寺,兼具清真寺的圆尖顶和马赛克装饰。

两百米的距离之外,是一家咖啡馆,里面全是用来纪念马塞尔·塞尔当[1](Marcel Cerdan)的壁画。咖啡馆被围墙围住,不让人参观。它慢慢地失去了作为一段民间历史见证人的身份。难道是要将这段历史擦去吗?

---

[1] 一名出生在阿尔及利亚的法国人,世界拳击冠军。——编注

* 政府部门是一种权力的象征，警察局同样如此。

部落，首领的忠诚信徒，庇护，特权，这些才是必要的东西；而民主，那是明天的事情。

有时迪度奇－穆拉德大街上会突然飘过一辆"官方"汽车，车窗玻璃是全黑的，前面有一辆警用摩托车开路，警笛一路鸣叫，汽车里坐的是便衣警察。有时，他们摇下窗户，用拳头粗鲁地敲打着车门的钢板——为了让老百姓们赶紧散开。

* 布阿莱姆·桑萨尔说："这是一个单色的城市。"他对此感到很遗憾。这里既没有黑人，也看不见亚洲人。移民，那是富裕国家考虑的问题。这是一个贫穷的城市：没有狗，也没有狗屎。乞丐不多，却有很多的"小行业"：守卫、看门人、偷偷摸摸但经常逃不掉的年轻小贩。

城市系统的运行粗糙、简陋：电网线路的设计简直太有创意了——虽然也能照常运作，但居然是用细细的电线串联起来的。

人们在街上遇到时会相互拥抱，他们笑着相互拍拍肩和背，开开玩笑，搞点儿恶作剧——他们很高兴能见到对方，与那些"大胡子人士"的严肃表情形成对比。

* 我想要购买一把折刀，在鲁瓦西时我和家人的安全受到了威胁，但折刀很难买到。没有任何店铺售卖这种产品（危险吗？）。最终有个人指给我一家商店，离已经关门的法国文化中心不远。这是一家卡比尔人开的店铺,他以昂贵的价格卖给我一把欧皮奈尔木柄折刀,但是他还有其他更好的刀具。他无所顾忌地聊起了当前的形势和好天气,"在一些重大事件发生之前",他和朋友们去了卡比利亚,在那里狩猎野猪,然后用炭火烤着吃,并且大口大口地喝着红酒……

"夏天钓鱼时,他总会在现场做一锅鱼汤(他丝毫不吝啬香料。喝一口,舌头像着火了一样)。狩猎时,他会准备一些精细的小木棒,削尖后插上片片红肠,然后放在木炭小火上烧烤,直到肠爆开,红油流到了炭火上,噼啪作响,燃起火来。"(《第一人》)

＊法国大使馆如同一座坚固的城堡,有两个入口,其中一个比较狭窄,它只在固定的时间为那些希望获得签证的乡巴佬开放。这些人通常要在狭窄的人行道上顶着烈日排队很久,有些时候要排好几天。沿着墙的地方都用铁丝网从上面罩住(有人告诉我,在发生"大事"期间,就在那些申请居留法国的人头上悬挂着手榴弹)。一般的流程是:通过装铁甲的门,徒步走过去,穿过电动门,用一根末端安有镜子的长操纵杆检查汽车的底盘(为了探测汽车炸弹)。在我们面前是一片开阔的绿色公园。有多少亩地呢?这里有游泳池、高尔夫球场以及网球场(四个),还有奢华的白色别墅错落分布在青枝绿叶中(在这里不用吝惜水),饮食(美味的古斯古斯)由一名细心的阿尔及利亚女人提供。

在国外,为共和国提供的服务是美妙的。

＊机场:一群人(很多女人)站着等待了数个小时;室外,地平线上的卡比利亚山脉的顶峰覆盖着白雪。人们静候着"赴麦加朝圣者"的归来(许多专线飞机都被密切监视着)。

过边境处无法兑换货币,只能在现场花光所有的第纳尔。

检查,还是检查,仍然是检查——桥下检查一次,桥上再检查一次——两次检查之间能发生什么?这家阿尔及利亚航空公司的机上指挥官还是一位女士。

大型客机正在调头。所有的锚地被点状的信号灯标示出来:一个独一无二的景致,一个骁勇的民族,一个本应该成为地中海南部中心的城市。我们可以(也应该)帮助它。

在飞机里

这个民族依然处于艰难的境地,这个民族依然在毫无理由地承受着痛苦(专制和腐败)。它在衡量(殖民的)过去和(独立的)现在的差异,但这个民族55%的人还不到20岁,他们的生活没有自由,也没有希望。

有人说石油和天然气并非如古老传说所形容的那样是邪恶的礼物,但是人们对此并不确信。有了这项神奇却暂时的利润,生产、开垦土地、建立公司、实验室、研究中心等都可以不需要了。只要分配利润（腐败的来源）就够了，人民选择的是屈从，而不奢求任何改变。

多亏了卫星天线，年轻人知道在大海的那边有另一个世界，一个丰富的世界，一个自由的世界，一个放纵的世界（女人、酒精、性、汽车、金钱）。在那个世界里，人们可以学习，可以变成另外一种人。在那个世界里，家庭不再成为严峻而沉重的负担；女人有自己的地位（几乎与男人同等），不用为了做回自己而被迫背井离乡。这就是现代世界，我们今天所处的世界，既有好的一面（虽然很快就被忘记），也有坏的一面。

那些不再满足于从事零星走私和传播流言蜚语的人比其他人更加意识到，在一个百废待兴的国家，他们是被剥夺了未来的一代人，这些人都渴望着逃亡，逃往他乡成了他们疯狂的梦想，因为如今的阿尔及利亚对于他们来说已经变成了荒芜之地。这些偷渡者们急切地乘着简陋的船渡海，却时常命丧大海。

大海变成了他们的葬身之地，而"对于这些人，对于他们的民族来说，自由本该是大海的馈赠"。如果他们幸免于难，成功渡海，偷渡者们可能会到达马赛、巴黎、鲁贝，抵达这个在他们眼中涂着古老的民主色彩的共和国，而这个共和国刚刚将他们团结互助的偷渡行为视作一种不合法的行为。

阿尔及尔，2005 年 2 月

附（2013年）：2012年12月19日，共和国总统弗朗索瓦·奥朗德对阿尔及尔进行了访问，他在阿尔及利亚议会的讲话标志着突破与希望。他向克列孟梭（Clemenceau）、不肯妥协的安德烈·芒杜兹（André Mandouze）、女战士日尔曼娜·蒂利翁（Germaine Tillion）以及莫里斯·奥丹（Maurice Audin）致以敬意，却再一次忘记了保罗·泰让。一些人欢欣鼓舞，他们认为，虽然这种联系植根于让所有人都痛苦的过去，但仍然应当凭借勇气和顽强在两国之间重建这种联系。无论如何，这种讲话只是演讲而已——但是共同罪行这种耻辱被平反了。

评注 5

一个正义者：保罗·泰让

我第一次遇到保罗·泰让是在香槟沙隆市政府，当时还称作马恩河畔，他担任秘书长。那时正值1955—1956年的寒冬，东方戏剧中心的布景卡车由于"道路化冻"在沙隆受阻，它正要去拍摄儒勒·苏佩维艾尔（Jules Supervielle）的《赤子冰心》，这部戏与《正义者》的演出同时进行。当时的情形有可能影响第二天在凡尔登的计划，如果过不去，就得取消计划的演出。虽然事先没有预约，但秘书长泰让仍然立即接见了我，当时我甚至不知道他的姓名。他的声音低沉而动听，他向我保证他会尽快签署通行许可，并且为了安全起见，他还会安排两个摩托骑警护送我们的卡车，"他们应当做些事！"。

在给加缪的一封信（现在找不到了）中，我提及了此事，这可以证明，在受困于共和阵线的法国，依然有官员们不仅没有因为手续问题推诿，而且还为公共利益兢兢业业。

几个星期之后，随着一场冲突的结束，人们告诉我，建筑部的负责人担任了马恩的省长，泰让被任命为阿尔及尔地区的省长，这可不是一个礼物。伊夫·库里埃尔（Yves Courrière）和他的家人对这场人事调动有另一种说法：1956年2月社会学家罗伯特·拉科斯特（Robert Lacoste）被任命为阿尔及尔的常驻将军，他点名让马恩的省长皮埃尔·舒萨德（Pierre Chaussade）来辅助他，也就是说1956年夏天他将泰让从沙隆调至阿尔及尔是出于友情。

我看到过一张大概是1956年法国驻阿尔及尔部队阅兵的照片[1]：中间是罗伯特·拉科斯特，这是一个身材矮小却大腹便便的政客；右边是雅克·马苏（Jacques Massu），头上戴着一顶伞兵式的贝雷帽，鼻子突出；左边就是泰让了，他是最年轻的一个，姿态挺拔，戴着一顶省长的帽子，厚厚的眼镜片后是一双爱幻想的眼睛。在这张不知名的照片里，这三个男人体现了法国当时在阿尔及尔的悲剧[2]。

---

[1] Yves Courrière, *La Guerre d'Algérie. Le Temps des léopards* [1969], Fayard, 2001, p. 707.
[2] 伊夫·库里埃尔还指出保罗·泰让拒绝拷打折磨共产党人费尔南·伊夫东（Fernand Yveton），此人加入过民族解放阵线，曾经将一枚炸弹放在阿尔及尔煤气厂里，造成数百人死亡（同上，第760页）。1958年2月12日，伊夫东被斩首。

1969年到1971年，我在耶尔（埃松省）与保罗·泰让再次相遇。他当时是教育与文化中心的主席，而我则是负责人之一。这个机构致力于国家教育和文化事业，支持知识学习和艺术创作，但是举步维艰，难以为继。几座新城市虽纷纷效仿成立类似的机构，随后却又收回了各自的人员和职权。

　　2010年，耶尔的教育与文化中心被现任市长杜邦-艾尼昂（Dupont-Aignan）先生拆毁，他在这片废墟上建立了几个市镇共有的剧院，并委托给了一个私人经理。

　　保罗·泰让（25岁时）被关进了达豪集中营，战后成为文职行政人员（国立行政学校第一期学生）。自1956年8月起，泰让担任阿尔及尔省秘书长一职，当时的阿尔及尔还是法国的一个省，泰让管辖的范围就是该省所有的治安事务。他拒绝为莫里斯·奥丹的遗体签发埋葬证。奥丹是落入伞兵手里的"3024个失踪人员"之一。泰让给出了拒绝的理由："我认出有些被囚禁人身上有虐待和酷刑留下的深深的痕迹，毕竟14年前我曾被关在南锡盖世太保的地牢里。"由此开启了"奥丹事件"[1]。

---

[1] 1957年阿尔及尔战役爆发，马苏将军的第十伞兵团在阿尔及尔进行大规模的酷刑杀戮。保罗·泰让在阿尔及尔地区的五个省份中发现一年内有3024起失踪事件，泰让揭露了这些人的命运，认为他们遭到了军队草率的处决。直到2018年3月马克龙总统首次承认法国在20世纪50年代中期对阿尔及利亚独立运动人员实施了折磨与拷打。失踪的奥丹就是在法国伞兵的折磨下死亡的。——译注

1957年3月,保罗·泰让提出辞职,却被拒绝。他已经不再支持马苏和他的伞兵团的做法。1957年9月他卸任阿尔及尔省秘书长一职,被任命其他职务,直到1958年5月20日,也就是第五共和国创立的第二天,他被胜利的伞兵们遣送回国。他的妻子和五个孩子被伞兵部队押上了吉普车,带去了白宫区,在那里他们被装进了法国部队的空运机中,每人只被允许携带一个箱子,被运往目的地维拉库布雷。泰让在那里待了两年,既没有职务,也没有津贴(他有五个孩子要抚养),直到他写信给戴高乐将军后这一切才有所改观。在达豪,他每天从工地回来时都要穿过大门,他发现门上刻着:ARBEIT MACHT FREI(劳动带来自由)。从那以后,他不无嘲讽地要求自由工作和生活的权利。将军听说了他的遭遇后,1959年1月将泰让分配到了外交部,1960年又将其调任至最高行政法院,泰让在那里直到职业生涯结束。值得一提的是,他还是第六届文化委员会的报告人。他于1991年去世。

2011年,阿历克西斯·杰尼(Alexis Jenni)在《法式战争艺术》[1]一书中建议竖立一座保罗·泰让的青铜像,"这会是个矮小的男人,他没有出众的外表,穿着过时的服装,戴着硕大的眼镜","他完成了《围城状态》[2]般的任务"。杰尼又写

---

〔1〕 Alexis Jenny, *L'Art français de la guerre*, Gallimard, 2011 (prix Goncourt 2011), p.26 et p. 28.
〔2〕 加缪于1948年写的戏剧,一个名叫"鼠疫"的人利用人们的恐惧［转下页］

道:"保罗·泰让计算了一下死亡人数;他在简短的官方祈祷上签了名,希望杀戮不再是盲目的,并让人们知道死者的人数和名字。"

下面是 1959 年保罗·泰让写给将军的第二封信,1972 年 1 月 13 日在《政治周刊》上发表。他在信中说明了他对"奥丹事件"的介入情况。作为真正意义上的共和者,共和国总统让学校宣读此信——比如 5 月 8 日前夕,或者每年的 3 月 19 日。

巴黎,1959 年 12 月 9 日

我的将军:

我并不乞求能获得这份被国家首脑本人关注的荣誉。出于我个人的良知,为了国家利益,也为了我的良心,我想我有责任讲一讲"奥丹事件"的实情。我认为这不会是徒劳无果的。

1956 年 8 月 20 日至 1957 年 9 月 12 日期间,我担任秘书长一职,负责阿尔及尔区域五个省的总体治安工作,在我的职责范围,我个人承担了重大的责任,我不得不经历一些重要事件,关于这些事件的争论还在继续困扰着舆论的道德健康。

[接上页] 心理建立起极权政权,整座城市充斥着恐怖的规则。一对年轻人决定克服恐惧,对抗"鼠疫",他们很快成为人们效仿的榜样,最终"鼠疫"垮台,一个新的自由的社会得以建立。——译注

这些诉讼事件包括"弗尔事件""火箭筒事件"[1]和"阿尔及尔战役"的某些方面,以及"奥丹事件"。我的行为一直备受关注,我尽我所能满足我职务的要求,满足我对国家的忠诚、对基督教信仰的忠诚,但是这一切与法国在阿尔及利亚的真正使命无法一致。

1958年5月17日我在阿尔及利亚部长办公室被伞兵团的成员逮捕,1958年5月20日我被遣送回国,尽管我是省级机关的唯一官员,却一直没有职务分派。我不曾为自己无力的处境感到痛苦,更没有对权力锱铢必较。我只求自己能继续保持忠于良心的权利和荣誉,我的良心初衷不改,一如往昔。

对我而言,昨天发生的一切不仅仅是抵抗运动,斯图道夫集中营、达豪集中营……在我遭囚禁被释放后,我拒绝了轻易得来的官方职务;我还作为第一届国立行政学校的学生毕业,推动"战斗法国运动",我自豪地成为这个学校走出去的第一名省级机关人员。昨天,内政部长先生向法国司法部长先生正式举荐我担任最高行政法院审查官。

曾经,面对不负责任之人,我对"火箭筒事件"保持沉默,但是我的职责要求我了解事情的来龙去脉,如今我仍会做出同

---

[1] 弗尔将军策划了一起阴谋(最终失败了),计划由军队在1956年12月30日从政治上控制阿尔及利亚。"火箭筒事件"是1957年1月6日由一些极端分子挑起的针对萨朗将军办公室的谋杀事件,但是那一天办公室没有人。一个偶然经过那里的军官被杀害了。

样的选择。

曾经，为了其他两万多名个体的利益，我接受了软禁。他们中有3000多人失踪，面对这些不负责任的行为，人们却保持缄默。此外，我还对阿尔及利亚的审讯方法感到极其愤怒，这促使我在写这封信的同时递交了辞呈，我在信后附上了1957年3月29日我寄给罗伯特·拉科斯特先生的辞呈的抄本。

曾经，1957年9月12日，我最终放弃了我在治安部门的职责，我寄给保障委员会的信所附的报告会对我的行为做出解释，当然我也事先递交了一份给阿尔及利亚部长（罗伯特·拉科斯特）。

曾经，我正是在正式行使我的职责——当然是严格限于职责范围。我拒绝背叛我的职责，拒绝让我的名字蒙上不必要的模棱两可——这种暧昧不清还在不断制造不幸，牵连着法国。

尽管我递交了辞呈——这些严重的指控恰恰证明我的辞职是合理的，这一点永远不会有争议（1957年3月我使用了"战争的罪恶"这一说法，对此说法我深有感触）——1957年10月1日，我仍被任命为阿尔及利亚部[1]的成员，负责劳动、社会安全和公共卫生。

正是我与阿尔及利亚之间的这层关系导致我在1958年4月1日这一天收到了一封恐吓信："对背叛的警告。等戴高乐将军

---

〔1〕 1957到1958年间法国政府下设的一个部门。——译注

一到,你的惩罚就将开始。"签名是弗尔将军的军官们。我保存了这封信,为了每天可以反思,在我们生活的年代,何谓忠诚的伟大和忠诚的束缚。

然而,这些束缚也有底线,那正是高尚教给我们的。高尚不能与妥协或欺骗相伴。我仍然坚决拒绝对我所知道或我所掌握的事情进行二次利用,同样我还拒绝看到我的沉默被人曲解或者我的证词受到诋毁。

事实上,司法部长阁下发出的公告与近期"奥丹事件"的泄露以及证词的重要性有关,我对其中的一些说法表示赞同;另一方面,从拉玛莱纳(La Malène)先生到总理阁下对于这起事件的口头讲述中都出现了一些鄙夷的字眼,我也同样接受。这些口头讲话刊登在了1959年12月5日的《官方公报》上。

1959年3月,尽管我在巴西,但我仍然负责外交部的技术合作。我从报纸上得知法院允许阿尔及利亚的武装力量审判已不在人世的莫里斯·奥丹。通过阿尔及尔可靠的消息来源,我获知了奥丹的死因和埋葬地点。而军事法庭却要对一个已被谋杀、根本不可能出现的人进行判决,出于我自己的良心,我仍然相信,为了我们国家的利益,我应该阻止军事法庭犯下这一渎职罪。

因此,1959年3月18日,我恳请司法部长阁下"拨冗去阿尔及尔听证"。我从巴西返回时在雷恩被传唤。我告知雷恩高级法院上诉法庭的预审法官,我了解"奥丹事件"的详情,并递交了我掌握的所有相关文件。

我的声明得到了布耶（Builles）先生的证实，他是警察分局局长，1958年4月15日曾以此身份被派驻马苏将军的参谋部。

后来，阿尔及利亚国家安全部前主任、法国解放勋章获得者佩尔奈（Pernet）先生也发表宣言支持我的声明，但是我的声明被民事当事人，也就是莫里斯·奥丹的遗孀泄露，我对此感到万分痛惜，并予以谴责，当然这一点也不令人震惊，也没有什么可耻的，毕竟连官方都围绕着她丈夫的失踪事件制造了长达两年多的谎言。

真正的丑闻是以国家的名义，甚至是上升到国家信仰的高度所扯的弥天大谎。真正的丑闻是谎言，是对一名已故之人进行审判，而这正发生在法国。我们的军队应该对自己犯下的罪恶完全负责，如若不是，政府便会掩盖罪恶。

对于我来说，在任何情况下，我只渴求平静的生活，如果可以，我也对我的安全和当下的利益有所奢求。我不会主动要求人们听到我的诉求。今天，某些人可以轻易而无理由地质疑证人的诚实，虽然这些人完全清楚证人的忠诚和立场独立。这对我来说则意味着需要更多的勇气和无私。

当然，即使偶有过错，我也不会因为某些人的错误而抵制我的祖国，但是必要的时候，我会誓死捍卫真理和荣誉。这就是我介入"奥丹事件"的唯一理由。

在盖世太保的监狱里,在斯图道夫和达豪的集中营里,我追随我的父亲在布痕瓦尔德集中营的榜样,学会了拒绝仇恨,同时也学会了毫无保留地信仰正义。正义是由人来体现的——包括宽恕的权利——同时它也要能够体现祖国的希望和荣誉,我个人并不惧怕公开要求停止谎言。希望在您的威望庇护下,人们不再凌辱那些有勇气的人——他们都能忠诚于自由法国运动,不妥协、不圆滑,保持着坚定的忠诚。

我的将军,请您接受我至深的敬意和不变的忠诚。

保罗·泰让
荣誉军团勋章获得者
军功十字勋章获得者
抵抗运动勋章获得者

呈:戴高乐将军先生
法兰西共和国总统
爱丽舍宫
巴黎

附　录

29 封通信概述
（1953—1959）

通信概述

　　1953 年到 1959 年期间，我共收到阿尔贝·加缪 29 封信。2012 年 9 月，我把它们的复印件交给了位于艾克斯普罗旺斯图书馆的阿尔贝·加缪文献中心。阿尔贝·加缪曾经口述给其秘书的信件复印本与这 29 封信一同交给了伽利玛出版社，阿涅莉（Agnely）女士把它们一并归档。此外，我还找到同一时期我写给加缪的 50 封（长）信。

　　在这里要感谢大卫·H. 沃克（David H. Walker）教授（谢菲尔德大学）、马塞尔·玛阿瑟拉（Marcelle Mahasela）和艾克斯普罗旺斯图书馆的安娜·奥贝尔（Anne Aubert），以及达尼埃尔·勒沃格勒和他的女儿，幸得他们的宝贵帮助，此前的研究才可完成。

　　我很高兴可以在这里展示我和阿尔贝·加缪之间往来的书信内容，它们是很好的见证，或许会赋予我的答案和评论更重的分量。

1. 第一封信是给我的回信,加缪手写于1953年3月30日。之前我曾就《反抗者》的论战一事写信给他。他知道写这本书会有什么后果。他喜爱友谊甚于孤独,但是他不能违背真相或是他所认为的真相。他尽可能地用良好的心态接受这个处境并对事态未来的变化迹象保持警醒(我的信也属于这一部分)。说到萨特,加缪为他们之间的友谊感到惋惜,但他认为萨特并没有告诉他真相,因为萨特若那么做就会失去法国共产党的信任。加缪对萨特以及左派知识分子已然心灰意冷:他们背叛了自己的理性,向权力屈服,这与1938年以后的右翼知识分子如出一辙。他鼓励我继续给他写信。

2. 接下来的一封信写于1953年12月2日。这封信是加缪用打字机写的,他对此感到抱歉。他读了我寄给他的一个剧本(我已不太记得了)。他对剧本的基础是赞赏的,但是他认为还不够成熟,因为它描述得不够生动。没有什么比戏剧创作更困难的,他补充道。无论如何,初次的尝试仍然令我心怀希望——这是一种美好的方式,尽管遭到了拒绝,却给了我勇气。

3. 1954年6月25日的这封信是写给米歇尔·圣–丹尼斯的,他是东方戏剧中心的经理,该中心坐落在科尔马市剧院。加缪向他举荐我担任制片人一职,尽管我缺乏经验,但是加缪仍然向他明确表达了对我的信心。

4. 1954年7月6日,机打信。信里说他(加缪)重新向圣–丹尼斯推荐了我。他告诉我,埃尔贝托拒绝上演他的《献身十字架》,他不再寄希望于马图林剧院。由于我在找工作,他写信告诉我,或许我可以在伽利玛出版社得到一份为"七星文库"校对的工作。听说我要重回卡布里,他祝我旅途愉快,那是一个对他、对他周围人都极有益的好去处。附言里,他招呼我去他家,这样我可以遇到弗尔小姐——她是弗朗西娜·加缪的姐姐,是阿尔及尔青年与体育部的负责人。(问题在于我要和亨利·科尔德罗开启合作计划,他在阿尔及利亚主持一个戏剧团体,后来我没有对这个计划给出回应。)1954年7月13日,米歇尔·圣–丹尼斯回复了阿尔贝·加缪,他很高兴能够于《海鸥》演出结束之后在埃贝尔托剧院见到加缪。他收到了加缪关于朋友让–克洛德·马莱(Jean-Claude Marrey)[1]的信。他告诉加缪,他没有让马莱当制片人,是因为这个职位要留给能够扮演一个角色的人。不过他说,他需要一个助手帮助他创建斯特拉斯堡剧院。"马莱有兴趣吗?"他想听听马莱的意见。他很高兴看到《正义者》上演。同一天,米歇尔·圣–丹尼斯给我寄来了如下的一封信:"亲爱的先生,自我们见面后我再没有联系过您。安德烈·巴萨克(André Barsacq)向我推荐过您,后

---

〔1〕 我在1982年南方文献出版社出版的《SMS》上才开始用巴蒂斯特–马莱这个名字。

来我也收到过阿尔贝·加缪的几句话。说实话，我不认为能为您保留制片人这个职位，因为这个人要承担两个职能：制片人，同时还要能够在马里沃（Marivaux）的《爱的惊喜》中扮演一个角色。但是在我动身去度假之前，我认为我非常需要一个助理，能够代替我完成我的活动领域的所有事项，也就是说：节目导演、学校教学、会议筹划、手稿阅读、节目准备等。这样的职位您是否感兴趣呢？请告诉我您的想法，在我回来之后，也就是 8 月 15 日，我们可以再商量，什么方式都可以，如果您对我的建议感兴趣，我们可以见面的时候再讨论。"（安德烈·巴萨克管理着工场剧团。战前他曾是米歇尔·圣－丹尼斯领导的十五人剧团的布景师。《爱的惊喜》是由达尼埃尔·勒沃格勒策划的一出戏剧，他同样导演了《正义者》以及下一个演出季的《萨拉梅阿市长》。米歇尔·圣－丹尼斯的建议让人兴奋，这个职位的行政任务比艺术任务更多。也许会很艰难，但这会是一个令人受益的学校。）

5. 1954 年 7 月 21 日，加缪给米歇尔·圣－丹尼斯回复了一封机打信。他证实了我申请东方戏剧中心一事，并道出我想写戏剧的事实。他认为我很有写作天赋，这带给我莫大的欣慰。

6. 1954 年 9 月 22 日，手写信。他很高兴我能够在斯特拉斯堡与米歇尔·圣－丹尼斯达成合作。（我于 1954 年 10 月 15

日到达斯特拉斯堡。)

7. 1955年1月5日,他写信托付给我《维托尔德·贡布罗维兹的婚礼》的副本(唯一一本!)。(几年后该剧由乔治·拉维里导演。)

8. 1955年1月25日,手写信。我暗示加缪"戏剧青年"(一个完全陌生的组织)提议下个演出季在东方剧院上演《正义者》,这也列入了东方剧院的下个演出季。他回复我他完全不知情,他打算停止这个注定失败的计划。

9. 1955年1月31日,手写信。加缪在寻找"戏剧青年"的地址,他不排除自己在斯特拉斯堡导演《正义者》(加缪的导演计划后来没有了下文)。圣–丹尼斯的副手,达尼埃尔·勒沃格勒在斯特拉斯堡导演了几出经典的剧目,如《安德洛玛克》《费加罗的婚礼》,以及《正义者》。大卫·H.沃克在位于艾克斯普罗旺斯的阿尔贝·加缪文献中心找到了一封1955年2月8日加缪写给"戏剧青年"的信,他在信中要求剧团不要上演这部剧,因为演出权已经交给东方戏剧中心了。达尼埃尔·勒沃格勒与加缪取得了联系,因为勒沃格勒要找一个人对卡尔德隆的《萨拉梅阿市长》进行翻译,并要求译文既符合戏剧标准又保证质量。该剧将在1955年上演,为此他们还要在洛尔卡剧院寻找开场小戏。东方剧院将《萨拉梅阿市长》改编为《荣誉评判者》，在斯特拉斯堡艺术节上演了，达尼埃尔·勒沃格勒担任导演。1953年12月18日，加缪给他写了第一封信：他祝贺东方剧院上演《萨拉梅阿市长》，认为该计划比《献身十字架》更加可行。但是最棘手的问题是西班牙戏剧的翻译问题，加缪对此表示深深的敬佩。很难找到既写得好又有戏剧性的翻译。他将亚历山大·阿尔努（Alexandre Arnoux）的译文交给达尼埃尔·勒沃格勒，并抱歉说自己没有时间翻译《萨拉梅阿市长》。加缪向其保证他很欣赏东方戏剧中心完成的工作。

10. 1955年4月18日，机打信。加缪告诉我他正准备出发去希腊。为了找到优秀翻译，他向我推荐安德烈·贝拉米克（André Belamich）。他还考虑到要完成《市长》这出剧，并让我把《婚礼》的副本交给萨莎·皮托夫（Sacha Pitoëff）。他看了《不信教者》，那是我曾经给他的一篇随笔，他很感兴趣，并决定带去希腊。

11. 1955年7月7日，机打信。他很勉强地从希腊回来了，读了好几遍《不信教者》。尽管书里的一些内容引起了他的兴趣，尤其是关于论战的一些段落，但鉴于这篇文字的性质，他认为伽利玛出版社不会出版，虽然他本人在很大程度上是赞同这篇文字的。

12. 1955年10月14日，机打信。我们错过了一次见面（为了准备《正义者》，我在巴黎做了短暂的停留）。他将阅读我刚刚寄给他的《创世》(《不信教者》的续篇)。

13. 1955年11月4日，机打信。他告诉我他在超负荷地工作，《附魔者》的计划无限期延滞了，他想亲自导演。他读了《创世》，他认为这篇比上一篇写得好，但是他建议我开始真正的创作，而不是按照他的意愿写一篇文章而已，这虽然困难（20年前他就了解这一点了），但是这样才算是活着。

14. 1955年12月19日，几个字："抱歉爽约。"

15. 1956年1月23日，口述文字，没有署名。他动身去了阿尔及利亚，没能来斯特拉斯堡。他希望以后可以看到由东方剧院上演的《正义者》。（这次去阿尔及尔他要发表"全民休战"的号召。尽管2月12日加缪的秘书来信向我询问过巡回演出的行程，但是加缪不能来观看演出，我和演员们都很失望。）

16. 1956年3月17日，手写信。这是我们所有通信中最让人感动的一封信。虽然对阿尔及利亚的描写只有寥寥数语，但阿尔及利亚之行导致了他一生中最严重的一次危机。尽管《堕落》和《流亡与王国》马上要出版，但他对任何事情都提不起兴趣，因为他正在失去自己的家园。他收听了欧洲广播一台转播的《正义者》的演出实况，对节目的编排并不是很满意（除了卡利亚耶夫一角的表演）。欧洲广播一台在法国东部很活跃，曾录制和播送了东方剧院的好几出戏剧，比如《正义者》。播放节目时会穿插一些广告信息。卡利亚耶夫的扮演者弗朗索瓦·达鲁将被加缪邀请在《修女安魂曲》中扮演彼得这一角色。米歇尔·马奈（Michèle Manet）扮演朵拉，阿兰·马克穆瓦扮演斯切潘。关于他们的演绎，我与加缪有过分歧。当然还有更多的细节，这里是我于1955年11月8日写给加缪的信中的一些要点：我告诉他我们接下来的活动安排，欧洲广播一台组织了一个名为"戏剧奥斯卡"的栏目。至于《正义者》，栏目把演出剪辑成一个小时，由制作人负责剧本段落之间的衔接。节目录制是在一次巡演中进行的。在给出最终协议之前，我提醒他注意一个事实，这些戏剧节目要受到观众的投票选举，广受好评的作品将得到100万法郎的奖金（足以重返希腊！）；我还指望欧洲广播一台这个节目能对演出产生广告效应。我对于《正义者》正式启动前数次打扰他感到很抱歉。（对全民投票已经没有任何印象了。）

17. 1956年4月19日，机打信。他拒绝在第戎演讲。

18. 1956年7月6日，手写信。8月5日他要去索尔格河的小岛上度假，并且开始排演福克纳的作品《修女安魂曲》。不久之后，在内战前这段时间，阿尔及利亚处于紧张时期，我于1956年9月2日给他写了一封信，问他是否有时间想想我们在利普啤酒馆讨论的那篇随笔。这篇文章有它的用处：可以让我们知道是什么把我们联结在一起；当我每天感到勇气渐消的时候，它可以增强我的勇气。

19. 1956年11月28日，手写信。他被大量的书信淹没了，没能尽快回复我。他很感谢我就《安魂曲》写的一些东西。（在先前的信件中，我对"有罪"这一问题有所阐述。）他祝贺我意识到了自己的错误（这与尼采的观点相反，他对所有事情的看法都受点儿尼采的影响）。他对苏联军队进入布达佩斯感到很失望。加缪只对青年一代抱有信心，他希望能够退出公众的视线。他建议我和他一起去昂热为《奥尔梅多骑士》这部剧工作，翻译剧本。（关于这出戏的内容，我于1956年10月22日给加缪写过一封信，他也做了回复。我在信里表示，我不知道《安魂曲》是否属于悲剧乃至是否属于戏剧，因为原作的长篇小说篇幅赋予了这出改编的戏剧一种极为独特的空间效果。）如果说悲剧的特点像是一些阴影的斑孔突然穿透了戏剧人物（就像我们反着说，是光线穿透了人物一样），让观众感受到人总是身处深渊边缘不停摇晃的话，那么《安魂曲》就是一出悲剧（好比《哈姆雷特》《理查二世》或《俄狄浦斯王》)。我告诉他我被戏剧中的宗教情怀（或者说是宗教精神）打动了。我是依照天主教徒的方式长大的，后来我拒绝了天主教以及任何有关上帝的思想，成为信奉无神论的战士。这出剧之后，我对严格意义上的无神论产生了疑惑：这难道不是一种限制吗？如果（无神论的）人文主义允许罪恶的存在（不是原罪，而是犯罪，后者是生活的产物，由疲劳或经验所造成），那它难道不应该给予我们宽容或原谅的力量吗？我们脆弱且干枯的生命已经忘记了这两个词的含义。《安魂曲》正有力地证明了这一点。（同样类型的还有贝尔纳诺斯的《一位乡村教士的日记》。）

20. 1957年3月25日，机打信。他很遗憾我没能去昂热与他一起工作，并且抱怨了马图林剧院（它们还负责组织昂热艺术节）的管理。米歇尔·圣-丹尼斯由于身体原因，没有继续担任东方戏剧中心的经理一职，他问我能否和他的接班人于伯尔·吉努（Hubert Gignoux）共度这段过渡期。吉努创办了斯特拉斯堡剧院（建筑师是皮埃尔·颂雷勒［Pierre Sonrel］），并于1957年10月1日上演了《哈姆雷特》。

21. 1957年4月16日的机打短笺是为了拒绝一场演讲。

22. 1957年11月6日，手写信。他感谢我的支持（我写给《观察家》的信),在诺贝尔奖颁奖期间(该奖项是在 10 月中旬宣布授予加缪的)他备受煎熬,多次受到抨击。他告诉我他的一位老朋友的行程,而他本人正在阿尔及利亚。(在致《观察家》的信中,我尝试回答了罗歇·斯特凡[Roger Stéphane]的恶毒言辞,这篇文章最终没有发表。)

23. 他在电报里为失约道歉。

24. 1958 年 9 月 9 日,手写信。他后悔又错过了约会,他感谢我的友情,并抱怨自己目前创作枯竭。

25. 1959 年 3 月 24 日,手写信。他告诉我《附魔者》的上演令他筋疲力尽。目前他和他的母亲在一起。接下来他要阅读我改编的《乌兰斯匹格传奇》,并且说如果他最终能负责巴黎的一家剧院的话,建议我和他一起工作。我改编的《乌兰斯匹格传奇》,1958 年 7 月 11 日创作于塞勒斯塔的阿尔萨斯节,由勒内·若诺(René Jauneau)导演。1959 年 4 月 4 日我写信给加缪,感谢他让我加入他的计划。我对他说,他的计划很诱人,但是我不能胜任。我有无数的理由无法离开东方戏剧中心:为该中心的建立投入的精力;作为一名作者的初体验;最终成为戏剧地方化的一分子并为之奋斗的情感。《乌兰斯匹格传奇》是一部繁重的剧,剧团为它注入的活力和激情足以抵消某些瑕疵。

演出获得了成功,尤其引起了普通民众的关注。在克勒索[1]的每个夜晚,我们在上千名工人面前演出,我满足地看到它一直上演,就像是一部西部片。这一系列的七场演出都是由家长般的施耐德工厂的企业委员会安排的:我们之前已经有国家人民剧院,维拉尔的合作伙伴让·鲁卫[2](Jean Rouvet)把我们介绍到了克勒索。

26. 1959年4月27日,机打信。他告诉我他能够理解我对斯特拉斯堡的忠诚,并且告诉我演员们会在5月1日放假(那天我打算去巴黎看《附魔者》)。我对《附魔者》的演出的记忆没有像对《正义者》和《安魂曲》的记忆那么清晰,甚至当时的评论界也是如此。关于《附魔者》,皮埃尔·布朗夏尔和米歇尔·布盖(Michel Bouquet)的评价是:加缪非常懂得合理"分配";瓦内克(Vaneck)和塞勒的评价是:让人印象深刻的还有作者兼导演的专业性,导演保证了四个小时内十五幕的无障碍演出,其间只有两次幕间休息。《费加罗报》称此"犹如一个壮举"。

27. 1959年6月3日的机打短笺。内容仍是关于错过的

---

[1] 法国索恩 – 卢瓦尔省的一个市。——译注
[2] 让·鲁卫和维拉尔都曾担任过国家人民剧院的管理者。——译注

约会。

28. 1959年6月15日，一封手写长信，它记录了我们友情的进展。加缪倾向于在斯特拉斯堡安排一个讨论会。他授权我发表他在电视节目中讨论戏剧的文本。他取笑报纸上都在报道他要管理一家巴黎剧院的计划。他的言下之意是，让我不要在意这些。他得知我喜欢上了一个阿尔及尔女人罗密欧，表示我应该感到幸福，而不应该以此为耻，因为阿尔及尔女人有着无限的生命力。他说，只要感到幸福，不写作也会活得很好。他坚持问候我的女朋友，也是他的同胞，尽管他并不认识。他对我说他经常引用的戈宾诺的格言："在生活中，有爱情，还有工作，其他一切都不值一提。"他读了我改编的《乌兰斯匹格传奇》，很喜欢。他鼓励了我的计划——我打算写一出菲茨杰拉德的剧。总之，他很高兴看到我幸福。《我为什么从事戏剧》这篇文章被收录进不同版本的"七星文库"，这是一篇有关加缪和戏剧关系的文章，实际上它第一次是以上下篇的形式发表在非常朴素的《东方剧院简报》上的，为1959年9月的第16期和同年11月的第17期。加缪很高兴我能与阿历克斯·罗密欧相遇，并且为我俩几个月后的婚礼送上了祝福。接下来我又写了《了不起的斯柯特》，可能会由让·德赛利（Jean Desailly）、皮埃尔·瓦内克（Pierre Vaneck）等几位表演，并由法国文化台于1967年播出（效果一般）。

29．最后一封信，1959年10月20日，手写。在我途经巴黎期间，加缪不能来与我相见，因为他一直忙于《附魔者》的巡回演出。他邀请我圣诞节的时候在卢尔马兰稍作停留。

题献与致谢

"制片人之夜"
献给大卫·H. 沃克

"从佩尔南—韦热莱斯到伦敦"
纪念阿布杜勒·法拉

"镜中的阿尔及尔"
献给"同胞们"

整本书献给在英雄年代致力于戏剧地方化的同伴们

B.M.